罗纳尔迪尼奥
Ronaldinho

微笑的绿茵精灵

小中 ◎ 著

人民东方出版传媒

东方出版社

责任编辑：宫　共
封面设计：尚书堂
责任校对：吕　飞

图书在版编目（CIP）数据

罗纳尔迪尼奥：微笑的绿茵精灵 / 小中著. -- 北京：东方出版社，2019.3
ISBN 978-7-5060-9469-6

Ⅰ.①罗… Ⅱ.①小… Ⅲ.①罗纳尔迪尼奥–生平事迹 Ⅳ.①K837.775.47

中国版本图书馆CIP数据核字(2018)第125504号

罗纳尔迪尼奥：微笑的绿茵精灵
LUONA' ERDINI'AO WEIXIAO DE LüYIN JINGLING

小　中　著

东方出版社 出版发行

（100706 北京市东城区隆福寺街99号）

三河市祥达印刷包装有限公司印刷 新华书店经销

2019年3月第1版　2019年3月第1次印刷

开本：700毫米×1000 毫米 1/16 印张：15.25

字数：265千字

ISBN 978-7-5060-9469-6 定价：65.00元

邮购地址：100706 北京市东城区隆福寺街99号
北京人民东方图书销售中心 电话：（010）65250042 65289539

目录 CONTENTS
Ronaldinho

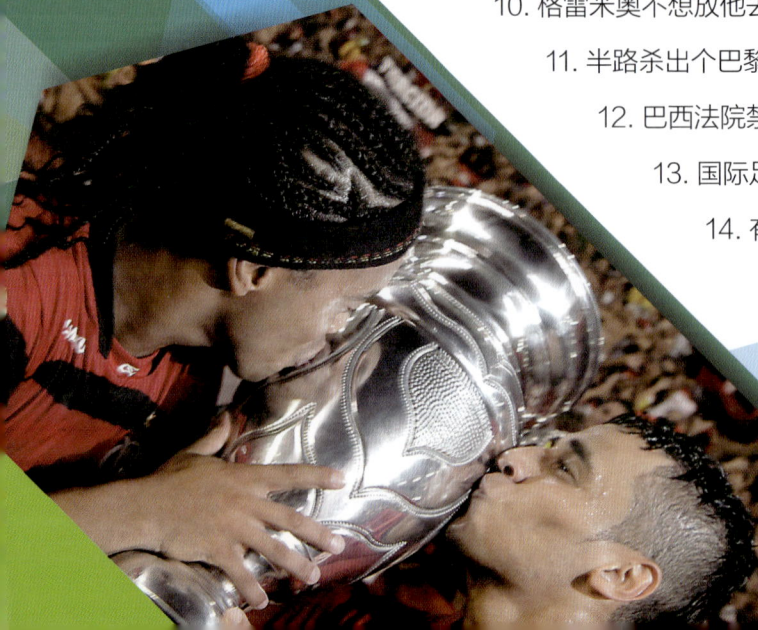

目录

CONTENTS

Ronaldinho

第六部分　北京奥运会、米兰和弗拉门戈 · 141

（2008-2012）

目录

CONTENTS

Ronaldinho

第七部分　余晖：米涅罗竞技 · 175

（2012-2014）

第八部分　退役 + 历史定位 · 211

（2014-2018）

罗纳尔迪尼奥个人资料 · 230

后 记 · 233

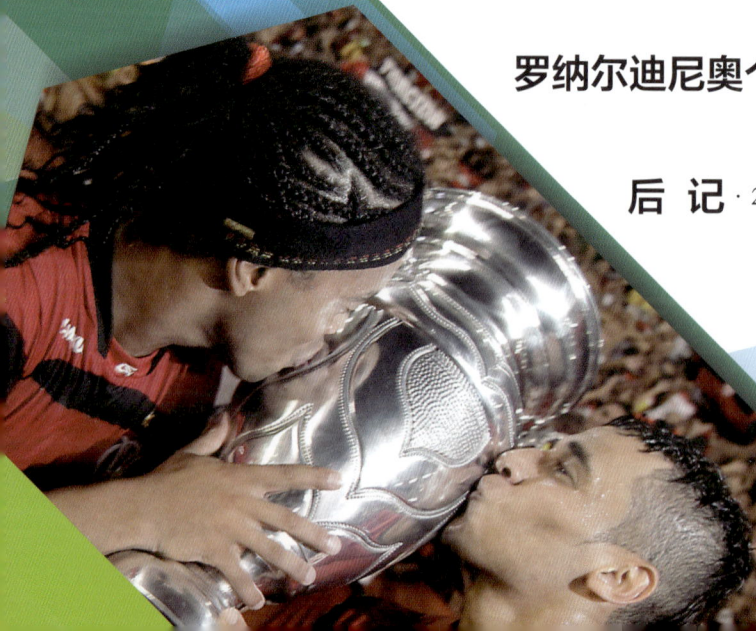

序

三个罗纳尔多，哪个最好？

迄今为止，足球史上出了三个极有名的罗纳尔多（Ronaldo），罗纳尔迪尼奥（Ronaldinho Gaúcho）便是其中之一。

三个罗纳尔多，都是旷世巨星，都有资格名列足球万神殿。万神殿中的"万"是虚指，实际上，三个罗纳尔多跻身足球史上前20名巨星绝对轻轻松松。

见仁见智，喜爱者甚至会把他们中的一个、两个或三个都排进前十。那样做的话，也无可厚非。

我的偶像是罗纳尔多（Ronaldo Fenômeno），这暴露了我的年纪。一般而言，粉丝会比偶像年龄小。我是个例外，我比罗纳尔多大几岁。

不偏心偶像，罗纳尔多不是史上最伟大的球员。因为至少还有球王贝利，那是一座巍峨的丰碑，其他人只能仰望，却难以逾越。

但至少可以说罗纳尔多是足球史上最好的前锋，没有之一。他的技术，他的速度，他的爆发力，他的过人，他的射门，他的门前嗅觉，他的球商，还有他的情商，每个单项都少有人能企及。

"外星人"也许是足球史上最聪明的球员，他应该就是。

三个罗纳尔多中，年纪最小的罗纳尔多是C罗（Cristiano Ronaldo）。跟巴西两个罗纳尔多不同，罗纳尔多不是C罗的第一名字（第一予名），而是他的第二名字（第二予名，也叫中间名）。

跟另两个罗纳尔多一样，C罗也天赋异禀。但与他们不同的是，他更勤奋、更敬业。

C罗最大的特点是敬业，可这不是说他没天赋。有天赋，又敬业，这样的C罗更伟大，也更值得钦佩。

罗纳尔迪尼奥是绿茵场上的精灵，是魔术大师，是艺术家。也有人称赞他是盘带过人之王，把他比作 "小鸟"加林查第二。加林查绰号"人民的快乐"，看罗纳尔迪尼奥踢球也是一种美的享受。

他把微笑和快乐带到绿茵场上，让人明白足球不只是一场比赛，它还是一场游戏、一场玩耍、一场表演和一场狂欢。

他把想象和创造力带到绿茵场上，让人明白足球不只是进球，还有诡异而突破想象力的牛尾巴过人，还有眼往这边看却向那边传的传球。

他把优雅和华美带到绿茵场上，认人明白足球不只是比分，它还是一曲曲悦耳动听的音乐、一组组振奋人心的节拍和一幅幅美轮美奂的画卷。

三个罗纳尔多，我爱"外星人"的聪明和灵性，爱C罗的敬业和想赢，也爱罗纳尔迪尼奥的美妙技术和快乐足球。

三者只能选一的话，我还是最喜欢"外星人"罗纳尔多，但我也喜欢另两个罗纳尔多。巨星再怎么多都不嫌多，巨星多了，足球才更光彩夺目，绿茵场上才更五光十色。

其实，争论哪个罗纳尔多最好没有意义。重要的是，作为球迷，我们是有福的，因为如毡绿茵上有过三个巨星罗纳尔多。

感谢你们，三个伟大的罗纳尔多！为你们喝彩，向你们致敬，以足球的名义！！！

小　中

2019年2月

第一部分

童年时代

（1980-1989）

01.

秋分日第二天出生

3月20日是北半球的春分，是南半球的秋分。可1980年南半球秋分那天，在巴西南里奥格兰德州首府阿雷格里港，天气依旧炎热，白天最高气温高达32℃。造船厂焊工若昂·达·席尔瓦·莫雷拉无暇关注天气的冷暖，他操心着妻子已经圆鼓鼓的肚子。米格莉娜·埃洛伊·阿西斯·多斯桑托斯十月怀胎，马上就要生产了。

第二天凌晨3点20分，一名男婴呱呱坠地。他体重3.79千克，身高50厘米，母子平安。夫妇二人给新出生的儿子起名罗纳尔多·德·阿西斯·莫雷拉，阿西斯是母亲米格莉娜的姓氏，而莫雷拉是父亲若昂的姓氏。

3月21日出生的名人不止罗纳尔迪尼奥。1960年3月21日，在巴西圣保罗诞生了一代车王、F1赛车世界冠军埃尔顿·塞纳。1685年3月21日，西方现代音乐之父、著名作曲家约翰·塞巴斯蒂安·巴赫出生于德国小城艾森纳赫。1980年3月21日，罗纳尔多·德·阿西斯·莫雷拉第一次睁开眼睛，打量他将要生活一生的这个世界。未来，他也将不同凡响。

虽说是健康，但新出生的罗纳尔迪尼奥身体还是有一点点小问题。圣卢卡斯医院的产科医生发现他的右脚有一点异常，建议若昂和米格莉娜带新生儿去看一下骨科医生。若昂和米格莉娜夫妇当时没太在意，后来在格雷米奥足校踢球时，罗纳尔迪尼奥被检查出右脚有些问题。为了使右脚更好地生长，不影响将来踢球，在格雷米奥俱乐部队医的建议下，罗纳尔迪尼奥不得不使用了特殊的鞋垫。

02.

人生第一份礼物是足球

11个月大时，罗纳尔迪尼奥已开始蹒跚学步。一岁生日时，父亲若昂送给他人生第一份礼物，那是一只黑白相间的足球和一双足球鞋。

当年，若昂送给长子罗伯托的第一份礼物也是足球和球鞋。不过，由于那时家境更好些，长子收到的礼物还包括一套格雷米奥俱乐部的小球衣和小短裤。

罗纳尔迪尼奥已经是第三个孩子，父亲又失业，家境变糟了。因此，尽管若昂很喜欢小儿子，但经济拮据的他只有能力给他买一个足球和一双球鞋。

足球是罗纳尔迪尼奥儿时最好的玩伴。像偶像马拉多纳小时候一样，睡觉时，他也抱着足球。对于童年时与足球的亲密关系，罗纳尔迪尼奥多年后有过这样的描述："吃饭时、走路时、看电视时、睡觉时，只要有可能，我身边总会有一个足球。"

小时候，与哥哥罗伯托的合影。

03.

家中狗狗是对手

尽管经济拮据，但莫雷拉一家人却喜欢养狗。罗纳尔迪尼奥小时候，家里养着两条狗，一条名叫"糖块儿"（Bala），一条名叫"糖球儿"（Bombom）。"糖块儿"和"糖球儿"是童年罗纳尔迪尼奥最好的朋友，也是他的球友。

小时候，罗纳尔迪尼奥酷爱踢球，在家里他一分钟都闲不住。瞅个机会，趁母亲米格莉娜不注意，他腋下夹着足球就跑到街上，跟小伙伴们踢个昏天黑地。

母亲向若昂抱怨，说罗纳尔迪尼奥成了个野孩子，总也不回家。父亲总会息事宁人，充当和事佬："他还是个孩子，让他玩儿去呗。"

如果母亲实在不让他出去，罗纳尔迪尼奥就在家中的客厅里踢球。他把桌椅摆开，带球一个接一个地过掉它们。两条小狗被罗纳尔迪尼奥所吸引，也成了他盘带过人的对象。

小时候，和哥哥及爱犬在新家。

狗的速度不慢，但它们就是抢不到罗纳尔迪尼奥脚下的皮球。有时候气坏了，也累坏了，狗狗

们就放弃了，不再追逐罗纳尔迪尼奥。它们会气愤地冲着他汪汪叫，对它们所遭受的羞辱表示抗议。

多年后，罗纳尔迪尼奥曾回忆说："我喜欢过人，我是在我家里练出来的。有时候，我在家具和椅子中间带球。有时候，我在花园里带球过掉我的狗狗们。那是我童年最开心的事情。"

罗纳尔迪尼奥越踢越好，不知道是什么时候，他学会了挑球过人，而母亲米格莉娜成了他最好的练习对象。母亲回忆说："他的第一个挑球过人对象是我。我被他挑球过掉了那么多次，我都记不清他第一次挑球过掉我是什么时候了。"

2012年3月15日，做客巴西环球电视台女主持人安娜·玛丽亚·布拉加的"加上你"节目，罗纳尔迪尼奥谈到了小时候的踢球和养狗经历。

他说："打小时候起，我就非常喜欢踢球，我所有的游戏都跟足球有关。我的童年很幸福，我非常怀念和小伙伴们在一起踢球的时光。我们光着脚，在离家很近的小球场踢。有时候，小伙伴们累了，不愿意跟我踢了，我就跟家里的狗狗们踢。唯一不输给我的是我家的狗狗们，跟它们一起踢球而不输给它们，之后再过我的伙伴们就是小菜一碟了。谁愿意的话，可以送我一只。我非常喜欢狗，我一直养狗。"

在节目中，巴西环球台女主持人答应送给罗纳尔迪尼奥一条狗。当时罗纳尔迪尼奥已经回到巴西国内，在弗拉门戈踢球。那年3月20日，罗纳尔迪尼奥32岁生日前一天，布拉加到弗拉门戈训练中心看望他，并送给他一只匈牙利库瓦兹犬。

库瓦兹犬毛色为白色，它性情非常温顺，可以用作牧羊犬和护卫犬。库瓦兹犬对主人非常忠诚，对生人很是警惕，保护起主人来不遗余力，不怕牺牲和献身。因此，第二次世界大战期间，德军士兵和后来的苏联士兵对库瓦兹犬大加捕杀，致使该犬种险些绝迹。

多年前，还在欧洲踢球时，罗纳尔迪尼奥就已经知道了库瓦兹犬。有一次，他向布拉加介绍了库瓦兹犬。听了罗纳尔迪尼奥的介绍，环球台女主持人怦然心动，就养了一只。2012年时，她的那只库瓦兹犬已经七岁了。

04.

父亲是启蒙老师和最好的激励者

罗纳尔迪尼奥日后足球踢得出神入化，父亲若昂功不可没。

莫雷拉家族和阿西斯家族都是大家族，罗纳尔迪尼奥的父亲、哥哥、叔叔、舅舅、堂兄弟和表兄弟们都爱踢球。每到周末，所有人聚到一起，就可以组成两三支球队。

罗纳尔迪尼奥初试身手的球场叫佩里基托球场，在葡萄牙语里，佩里基托是"相思鹦鹉"的意思。佩里基托俱乐部是维拉诺瓦区的一家小俱乐部，它距离罗纳尔迪尼奥的家只有100米。

罗纳尔迪尼奥回忆说："周末的时候，会有莫雷拉家族对其他人的比赛。甚至有来自其他区、其他城市的球队在佩里基托球场挑战我们。很小的时候，我就去场边观战，尝试着模仿大人们。年龄稍长之后，我在队里也有了位置。"

当年，每次去踢球时，父亲都要带上罗纳尔迪尼奥。踢完球之后，若昂不着急回家，他要训练儿子。父亲会把装满水的塑料袋挂在球门的上角，他用激将法激发儿子练球的兴趣。

父亲跟罗纳尔迪尼奥打赌："每踢漏一个塑料袋，我给你买一根冰棍儿。"小孩子最爱吃冰棍儿，被父亲激起好胜心，罗纳尔迪尼奥会不厌其烦、不知疲倦地练个不停。当然了，冰棍儿他也没少吃。

父亲是罗纳尔迪尼奥的足球启蒙老师，也是他最好的激励者。父亲还是洞察力超强的预测者，他一直相信罗纳尔迪尼奥，坚信他是个天才，靠踢球能出人头地。

05.

偶像是哥哥

有一个哥哥真好，尽管在中国，由于曾实行计划生育政策，几代人没有哥哥，没体会过哥哥的好。相比之下，罗纳尔迪尼奥的运气非常好。他有一个哥哥，而且哥哥阿西斯球踢得非常好。1982年，罗纳尔迪尼奥两岁时，哥哥进入格雷米奥梯队，当时他年仅12岁。

巴西是足球王国，东南部的里约热内卢州、圣保罗州和米纳斯吉拉斯州以及南部的南里奥格兰德州经济实力最强，足球水平也最高，格雷米奥和同城的巴西国际是巴西足坛的两支强队。小时候，能够通过层层选拔，进入格雷米奥足校，说明阿西斯确实有足球天赋。对阿西斯，格雷米奥足校的教练们确实也很欣赏，觉得他是块璞玉，经过精心打磨雕琢，未来定会熠熠闪光。

他们确实没看走眼。在同龄人中，阿西斯脱颖而出，他顺理成章地升上格雷米奥俱乐部梯队。青少年赛事冠军，阿西斯和队友们没少拿。1984年，格雷米奥少年队拿到了第一届巴西U14足球锦标赛冠军。1985年，阿西斯和队友们在U15泛美国际青少年锦标赛上夺冠。此后，他们还拿到南里奥格兰德州青年联赛冠军。

罗纳尔迪尼奥为哥哥感到无比自豪，他曾经说过："我非常有运气，我才两岁，我哥哥就已经进格雷米奥梯队踢球了。我的偶像就在我家里，我哥哥是我的第一个偶像。自己的偶像在自己的家中，并不是所有人都有那么好的运气。小时候，我哥哥背着我上来下去，长大之后，我以他为一面镜子。我要做的只是追随他的脚步，我想成为他。"

阿西斯的出色表现也引起巴西国家队的关注。从巴西U14少年队起，各级青年队和国奥队，阿西斯一级没落下，都受到了征召。1986年南美U17青年足球锦标赛和1987年U17世青赛，阿西斯是球队主力，身披10号球衫。在秘鲁，巴西U17拿到亚军。在加拿大，巴西U17两平一负，小组没能出线。

1988年南美U20青年足球锦标赛，巴西青年队在阿根廷夺冠。那届赛事，阿西斯仍是中场主力，打满全部7场比赛。

1989年沙特世青赛，巴西U20拿到铜牌。那届世青赛，阿西斯改穿18号战袍。尽管沦为替补，阿西斯仍6次上阵，其中4次替补登场，两次首发出场，三四名争夺战更是打满全场90分钟。

阿西斯还入选过巴西国奥，但只在热身赛上出战过两次。1992年1月31日至2月16日，巴塞罗那奥运会男足赛事南美区预选赛在巴拉圭举行，巴西国奥被分在A组。尽管队中有卡福、莱昂纳多和罗伯特·卡洛斯等好手，但巴西国奥两胜一平一负未能小组出线，无缘巴塞罗那奥运会。

少小成名，年轻时一路顺畅，一个台阶不落地入选了巴西各年龄段青少年队和国奥队，但阿西斯从没入选过巴西国家队，更没能像弟弟那样在国际足坛扬名立万。对于哥哥来说，这是个巨大的遗憾。

第二部分

青少年时代

（1989–1997）

01.

他总想着踢球

小时候，罗纳尔迪尼奥不爱学习，他成天只琢磨怎么踢球。母亲米格莉娜回忆说："为了踢球，他时常逃课。他学习不太好，还好他最终成了一名优秀的球员。"

罗纳尔迪尼奥在耶稣圣特雷萨学校上学，姐姐戴西也在那里上学。之所以让姐弟俩上同一所学校，母亲是想让姐姐管教和监督弟弟。但姐姐怎么管得住淘气而又爱踢球的弟弟呢？

巴西著名漫画家毛里西奥·德·索萨是《莫妮卡和她的朋友们》杂志的创办者。杂志里，有个主人公就叫罗纳尔迪尼奥。漫画里还有母亲米格莉娜、哥哥阿西斯、姐姐戴西和两只狗，小的叫"子弹"，大的叫"皮球"。

由于创作漫画书的缘故，毛里西奥·德·索萨跟莫雷拉一家很熟络，他讲过罗纳尔迪尼奥童年时的一件逸事。他说："从教室的窗户向外望去，罗纳尔迪尼奥能看见小球场。戴西跟我说：'确实是那样，我带他去上学，看着他进了教室。可我得待在那里，看着他，怕他跑出去踢球。'"

耶稣圣特雷萨学校负责纪律的老师玛丽亚·卡塔莉娜·吉戈斯基也揭了罗纳尔迪尼奥的老底儿："阿尔米拉阿姨负责看守前门，有时候她打电话给我，说罗纳尔迪尼奥就待在那里，就是不进教室。有一天，我碰见了他，我跟他开玩笑说：'你为什么不进去？你想长大了当球员，是吗？可如果你当不了球员怎么办？不学习的话，怎么当得了球员呢？'还好，我预言错了。"

02.

Procergs：第一个冠军

　　室内足球对于雕琢少年球员的技术作用明显，许多巴西巨星小时候都踢过室内足球，罗纳尔迪尼奥也不例外。1990年，父亲若昂去世的第二年，罗纳尔迪尼奥人生第一次打正式比赛，10岁的他代表Procergs打少年室内足球赛事。

　　Procergs是南里奥格兰德州数据处理公司的简称，那是一家公私混合经济类型的企业，是南里奥格兰德州信息政策执行机构。巴西人喜欢体育，尤其喜爱足球，为了宣传自己，不少巴西国营企业愿意投资足球。像其他国企一样，Procergs也有自己的俱乐部，不仅搞足球，还搞其他体育项目。

　　Procergs少年室内足球队兵强马壮，成员都是在格雷米奥、巴西国际和南里奥格兰德州另一支强队尤文图德俱乐部足校学球的少年。在Procergs，罗纳尔迪尼奥穿的是10号球衣。那一年的赛事，Procergs一路过关斩将，摧枯拉朽，一场未输地杀进了州联赛决赛。

　　1990年9月23日决赛日，比赛地不在阿雷格里港，而在伊比鲁巴，那是南里奥格兰德州北部的一座小城。有罗纳尔迪尼奥在阵中，赢球是肯定的事。决赛上，Procergs以4比2的比分击败对手，少年罗纳尔迪尼奥打进锁定胜局的一球。

　　除了冠军奖牌，罗纳尔迪尼奥还当选赛事最佳射手和最佳球员，脖子上比队友们多了两块奖牌。那个冠军是罗纳尔迪尼奥足球生涯的第一个冠军，是他拿到的众多冠军中的头一个。

　　Procergs公司技术部工作人员克莱翁·埃斯皮诺萨当年是Procergs少年室内足

球队教练之一，他哥哥瓦尔迪尔·埃斯皮诺萨做过格雷米奥队主教练。1983年，正是瓦尔迪尔·埃斯皮诺萨率领球队拿到格雷米奥俱乐部历史上的第一个丰田杯冠军。

作为罗纳尔迪尼奥的室内足球教练，克莱翁·埃斯皮诺萨对当年的少年弟子赞不绝口。

"罗纳尔迪尼奥当时10岁，1990年至1994年他为我们踢球。14岁时，他才离开了球队。有他在队里，我们拿了好几个冠军。"

2006年德国世界杯前夕，耐克公司拍了一部广告片，名叫"Joga Bonito"（踢得漂亮）。广告开头就是罗纳尔迪尼奥为Procergs少年室内足球队打比赛的一段录像，那段录像就是克莱翁·埃斯皮诺萨拍的。

克莱翁·埃斯皮诺萨还透露说："其中有一段录像，是另一个孩子的父亲做的解说。他半开玩笑地评论道：'这个孩子是新贝利。'他预测得真准。"

哥哥既是哥哥，也是父亲。

03.

喜欢甜食和咖啡　迈克尔·杰克逊的粉丝

小时候，罗纳尔迪尼奥最喜欢吃米饭、牛排、薯条和鸡蛋，他也爱吃母亲做的布丁和小甜点。

甜点得配咖啡，罗纳尔迪尼奥非常喜欢喝咖啡。漫画家毛里西奥·德·索萨说："有一次在巴塞罗那，在他的家里，我跟他共进午餐。吃完饭后，别人给他端来一杯咖啡。从杯子的大小来看，那哪里是一杯咖啡呀，简直就像是一大瓢咖啡。他正好坐在我旁边，我跟他开玩笑说：'你要在杯子里洗澡吗？'罗纳尔迪尼奥回答说：'毛里西奥，我不是想洗澡！你知道为什么吗？现在，最大的杯子是属于我的。可当我还是个小孩子时，最大的那杯咖啡是属于阿西斯的。'"

20世纪80年代，美国著名黑人歌手迈克尔·杰克逊风靡全球，少年罗纳尔迪尼奥对他很痴迷。代表Procergs少年队踢室内足球时，每次进球后，罗纳尔迪尼奥都会模仿迈克尔·杰克逊在其代表作兼神曲《Billie Jean》中的舞蹈风格进行庆贺。

奥古斯托·班代拉·德·梅洛当年是Procergs少年室内足球队的队医兼教练。他回忆说："每次进球后，罗纳尔迪尼奥会把手放在耻骨处，把腰往前往后摇晃，就像迈克尔·杰克逊在MV中所做的那样。"

有一次，对阵一支名叫林多亚的球队，罗纳尔迪尼奥打进一球，他又跳着迈克尔·杰克逊的霹雳舞步庆祝。对方球员的父母们嘘他，罗纳尔迪尼奥不甘示弱。那场比赛，他一口气又进了五个球，再没人敢嘘他了。就那样，迈克尔·杰克逊的霹雳舞步成了少年罗纳尔迪尼奥的注册商标。

04.

放弃室内足球　第一次见到罗纳尔多

踢室内足球有助于雕琢技术、提高盘带过人能力、增强反应能力，对少年罗纳尔迪尼奥是件好事。可格雷米奥俱乐部却不想让他再踢下去了，理由是怕他踢室内足球受伤。格雷米奥的担忧也不无道理，室内足球场地是硬地，如果摔倒的话，比在草地上摔得更严重。

格雷米奥足校校长塞萨尔·罗沙·洛佩斯把罗纳尔迪尼奥等几个去踢室内足球的孩子叫到他跟前，对他们一顿训斥："你们疯了吗？你们想受伤吗？我们关心你们，爱护你们，给你们提供最好的设施，可你们却到水泥地面球场踢球，那会损伤你们的肌肉、神经和关节，我们那样做还有什么意义？别跟我说提高技术，室内足球的技术和大场足球的不是一回事儿。"

格雷米奥少年足校1968年创建，塞萨尔·罗沙·洛佩斯1970年开始在那里工作，一直干到2007年。对罗纳尔迪尼奥等人，洛佩斯校长说了一番狠话："如果谁想踢室内足球，现在就说出来。收拾好你的东西，立马走人。如果想继续在这里练球，那就请你彻底忘掉室内足球。永远忘记！如果我看到或听到谁再去踢室内足球，我马上就开除他，一点商量的余地都没有！"

罗纳尔迪尼奥等人吓坏了，他们不敢不听校长的话。再说了，塞萨尔·罗沙·洛佩斯校长也是为他们好。就这样，1994年，罗纳尔迪尼奥的室内足球生涯结束了。

那一年，罗纳尔迪尼奥14岁。而在当年的美国世界杯上，巴西国家队时隔24年

再捧世界杯冠军奖杯。巴西队夺得世界杯第四冠，绰号"独狼"的前锋罗马里奥是最大功臣，他成了少年罗纳尔迪尼奥的偶像。

在儒帅佩雷拉执教的巴西队里，有两个罗纳尔多，一个是时年29岁的中后卫罗纳尔多，另一个是17岁的克鲁塞罗前锋罗纳尔多。当时谁也没想到的是，罗纳尔迪尼奥日后会与后来绰号"外星人"的罗纳尔多在巴西国家队搭档多年，而他俩与更年轻的葡萄牙巨星克里斯蒂亚诺·罗纳尔多一起，成为足球史上最著名、球踢得最好的三个罗纳尔多。

实际上，早在1993年，13岁时，罗纳尔迪尼奥就第一次见到了罗纳尔多。当时，在克鲁塞罗声名鹊起的罗纳尔多已被不少巴西青少年视为偶像。那次见面，罗纳尔迪尼奥还以粉丝的身份，跟罗纳尔多索要了签名。

05.

"新男孩儿"沙滩足球队

其实，除了室内足球，罗纳尔迪尼奥少年时代还踢过沙滩足球。

在南里奥格兰德州沿海地区，有一个名叫卡庞达卡诺阿的小城，它距离首府阿雷格里港130公里。在那座风景如画的海滨小城，有一个名叫格布拉马尔的住宅小区。在葡萄牙语里，格布拉马尔是"防波堤"的意思。那个小区的孩子们组织了一支少年沙滩足球队，20世纪八九十年代，美国有一支著名的乐队名叫"新街边男孩"（New Kids On The Block），于是那支少年沙滩足球队得名"新男孩儿"（New Kids）。

"新男孩儿"队的教练是心脏病专家奥古斯托·班德拉·德·梅洛，他也是格布拉马尔小区的居民。刚开始时，球队的成员都是小区的孩子。后来奥古斯托医生邀请格雷米奥和Procergs少年队的一些球员加入"新男孩儿"队，其中就有罗纳尔迪尼奥。

当年的队友莱昂纳多·维塞梅尔现在的职业是外科整形医生，他还清晰记得当年罗纳尔迪尼奥在场上的英姿。莱昂纳多说："那个时候他就已经踢得非常好。"另一位当年的队友让德尔·罗伯托·卡瓦利尼·霍夫曼现在的职业是银行职员，对于当年的罗纳尔迪尼奥，让德尔的评价是："他带球过人和任意球的技术已经跟后来差不多。"

那时，队友们还没敢想象罗纳尔迪尼奥日后会那样出人头地。莱昂纳多说："对我们来说，罗纳尔迪尼奥当时只是阿西斯的弟弟。"让德尔则开玩笑说："如

果我知道的话，我当年会跟他要签名的。我跟同事说我当年跟罗纳尔迪尼奥一起踢过球，他们讽刺我，说'我还跟贝利踢过球呢'。"

奥古斯托医生的两个儿子雷纳托和马塞洛也曾在"新男孩儿"沙滩足球队踢球。谈起当年踢沙滩足球的罗纳尔迪尼奥，奥古斯托医生回忆说："足球在双脚之间，罗纳尔迪尼奥挑战其他所有人。他总是很有创造力，想断掉他的皮球是不可能的事情。"

奥古斯托医生还讲了当年的一件逸事。有一次，"新男孩儿"去外地打比赛，比赛前一天晚上住在当地的一家宾馆里。已经快半夜12点了，有一个房间的小球员们还不睡觉，吵吵闹闹，声音很响。奥古斯托医生决定去看一下，让他们早点休息。

推开房门，奥古斯托医生被眼前的一幕惊呆了。罗纳尔迪尼奥躺在床上，双手放在脑后，脸上带着微笑，他的双腿抬起在空中，他正在颠球。旁边的室友们聚精会神，正专注地给他数数儿：213，214，215……。奥古斯托医生回忆说："那太让我震惊了，那是自然而然的反应。要知道，他只是一个八岁的孩子，技艺却那样纯熟。"

根据路况的不同，从阿雷格里港到卡庞达卡诺阿要一两个小时的车程。周末去那里踢比赛，是件很辛苦的事情。不过，苦中也有乐。

每个星期，家长们早早就约好。到了周五，家长们就结伴开车送孩子们去踢球。奥古斯托医生说："我们之前早就计划好了，每个周五，家长们就开着车来了，车里坐了满满一车孩子。住在谁家，谁家就早早准备好了吃食。我们周六和周日有比赛，对孩子们来说，那是快乐的时光。"

母亲米格莉娜也说："有时候，我们周日当天得早早出发，或者提前一天住到他队友家。但他并不觉得辛苦，因为那是他喜欢做的事情。"

06.

首次穿上巴西队黄衫

罗纳尔迪尼奥第一次穿上巴西队10号黄衫，不是他入选巴西U15少年队的1995年，而是更早的时候。在"新男孩儿"队踢球时，球队去特拉曼达伊市参加少年沙滩足球比赛，穿的就是巴西队的黄衫，而罗纳尔迪尼奥穿的是10号。

奥古斯托医生回忆说："你想看到罗纳尔迪尼奥不高兴吗？你想让他像鹦鹉那样生气吗？你只要不把10号球衣给他就可以了。"

2005年圣诞节前，奥古斯托医生给罗纳尔迪尼奥寄去几张他当年在"新男孩儿"踢球时的老照片作为圣诞礼物。在照片上，奥古斯托医生写道："第一件黄衫，我们永远忘不了。"为了表示感谢，巴塞罗那10号回送奥古斯托医生一顶巴萨的帽子。

至于为什么穿巴西队球衣去打比赛，"新男孩儿"队的创建者解释道："我们组建起球队，却忘了选球衣。于是我们就去了市中心，店里还有世界杯期间卖剩下的巴西队球衣尾货，有多个尺码，于是我们就把店里的球衣买了下来。"

为什么罗纳尔迪尼奥打小就喜欢穿10号？奥古斯托医生的解释是："为什么是10号？罗纳尔迪尼奥最喜欢的偶像就穿着10号球衣，他的偶像是马拉多纳。"

贝利是球王，也是巴西人，为什么罗纳尔迪尼奥的偶像不是球王，而是马拉多纳？罗纳尔迪尼奥自己给出了解答："我看过马拉多纳踢球，他于是就成了我的偶像。贝利是足球史上最伟大的球星，可我没看过他踢球。马拉多纳则不然，从1990年世界杯起，我就看他的比赛。"

虽然偶像是马拉多纳，但罗纳尔迪尼奥梦想入选巴西国家队，穿上那件颜色明艳的桑巴黄衫。"新男孩儿"队队友马尔西奥·泽尼讲了一个故事，证明罗纳尔迪尼奥小时候就有雄心壮志。

泽尼讲述道："有一次，在海滩上，我们去一个酒吧买冰棍。当时正直播奥运会南美区预选赛，当时是1992年，巴西对阵委内瑞拉。他跟我们以及酒吧的女服务员说：'你们等着瞧吧，有一天我也要穿上巴西国家队球衣。'酒吧的女孩儿哈哈大笑，我们也笑了。"

当时，所有人都拿罗纳尔迪尼奥的话当玩笑。可几年后，他真的穿上了巴西队黄衫。1999年美洲杯，国际大赛首度亮相，小组首战对阵委内瑞拉，罗纳尔迪尼奥还打进了个人在巴西队的第一粒进球。

顺便提一下，罗纳尔迪尼奥和小伙伴们看的那场比赛，是巴塞罗那奥运会南美区预选赛A组最后一战。此前三轮，巴西国奥2比1击败秘鲁国奥，1比0小胜东道主巴拉圭国奥，0比2负于哥伦比亚国奥。2月9日第4轮，在哥伦比亚国奥和巴拉圭国奥0比0战平的情况下，巴西国奥只要击败委内瑞拉国奥就能小组出线。但比赛中，却是弱旅委内瑞拉国奥率先进球，巴西国奥费了九牛二虎之力才扳平比分。巴西国奥就那样提前告别了巴塞罗那奥运会，罗纳尔迪尼奥为哥哥伤心，虽然哥哥只坐在替补席上。

07.

一场比赛进23个球?

13岁时,罗纳尔迪尼奥打过一场比赛,他的球队竟然以23比0的夸张比分大胜对手。更令人称奇的是,那23个进球都是由他一个人包办。

正是由于在那场比赛中的突出表现,罗纳尔迪尼奥人生第一次接受了媒体的采访,那也是他第一次上报纸、上电视。有些关于罗纳尔迪尼奥的传记和资料指出,那场比赛上,罗纳尔迪尼奥所在的一方是格雷米奥少年队,但由于时间久远,对手是谁没人记得清了。

少年罗纳尔迪尼奥真有那么神吗? 23比0的比分是否只是讹传? 如果真有其事,被罗纳尔迪尼奥23次破门的对手又是谁呢?

2013年12月,国际足联世俱杯前夕,接受媒体专访,罗纳尔迪尼奥亲口证实那场23比0的比赛确有其事。不过,他说那场比赛不是代表格雷米奥少年队打的,而是代表他所就读的学校踢的。

罗纳尔迪尼奥说:"那场比赛确有其事,确实发生了,当时我还在上学。"对于个人独进23球,他的解释是:"可能是因为我的队友和对手都太弱,跟其他人相比,我的踢球风格大不相同。"

罗纳尔迪尼奥的解释很合理。如果是代表格雷米奥少年队踢球,队友们不如他,对手们肯定也不如他,但差距不会那么大。他难以独进对手23个球,就算本队进了23个球,也不可能是他一个人专美,队友们也会进球。而代表学校踢球,对手水平太差,队友水平也远不如他。罗纳尔迪尼奥一人独进23球,那是极有可能的。

08.

入选国少队

1995年2月底的一天，莫雷拉家的电话突然响了起来。母亲米格莉娜拿起了听筒，电话是巴西足协打来的："我找你的儿子罗纳尔多。"

米格莉娜说："他不在家，他去海边度假了，要待一星期。"对方说："最好让他马上跟我们联系，他被招进巴西U15少年队，我们要去欧洲打比赛。"

当时，巴西U15国家队主教练是托尼尼奥·巴罗佐。为了备战U15南美锦标赛和U15世青赛，他要率队到英国打两场热身赛。格雷米奥少年队中，除了罗纳尔迪尼奥，前锋迈克尔也得到征召。

小儿子还不满15岁，却已经得到巴西少年国家队的赏识。对于母亲米格莉娜来说，那真是个天大的喜讯。

和姐姐黛西（左）、哥哥阿西斯（中）以及母亲米格莉娜（右）合影。

接完巴西足协打来的电话，她马上致电在南里奥格兰德州海滨度假的小儿子，让他马上回家，然后到里约热内卢报到。

在巴西U15，巴罗佐主教练对罗纳尔迪尼奥很是赏识，让他穿上了10号黄衫。在罗纳尔迪尼奥当年的国少队队友中，有日后成为巴西队主力国门的朱利奥·塞萨尔等人。3月7日，在格拉斯哥，对阵苏格兰国少队，巴西U15大比分取胜。

四天后，在伦敦温布利球场，巴西U15对阵英格兰国少队。赛前，罗纳尔迪尼奥兴奋地打越洋电话给母亲："妈妈，我将在球王贝利整个足球生涯都没踏上过的球场打比赛。"不过，对阵英格兰国少队，巴西U15一球小负，为主队进球的是英格兰金童欧文。

2002年韩日世界杯1/4决赛上，各为其主，罗纳尔迪尼奥和欧文再度交手。那场比赛，欧文为英格兰首开纪录，罗纳尔迪尼奥助攻里瓦尔多扳平比分。利用任意球机会，他又将比分改写成2比1，送英格兰卷铺盖卷儿回家，报了当年欧文的一箭之仇。

09.

南美U17锦标赛冠军

第七届南美U17足球锦标赛于1997年2月28日至3月16日在巴拉圭举行。那届赛事，南美十国的10支U17国家青年队被分成两个小组，巴西U17被分在B组。在巴西U17队中，罗纳尔迪尼奥身披10号黄衫。

1986年，哥哥阿西斯曾随巴西U16参加过在秘鲁举行的南美U16足球锦标赛。那届赛事，巴西U16小组赛前三战均打平，只在末战1比0小胜东道主秘鲁。四强战，巴西U16又先后与玻利维亚、厄瓜多尔和阿根廷战平。总共7场比赛收获6场平局，那也是史上罕见。最终，巴西U16获得亚军。

不管怎样，与冠军玻利维亚和季军厄瓜多尔一起，阿西斯所在的巴西U16获得了参加1987年7月在加拿大举行的U17世青赛的资格。那届赛事上，阿西斯身披10号战袍出战。但巴西U17青年队0比0与法国和沙特战平，0比1负于澳大利亚，小组赛阶段就提前出局。

11年之后，弟弟也差一点小组都出不了线。首战智利，巴西青年队1比1战平对手。整场比赛，智利人场面占优，第89分钟还射失一粒点球。次战玻利维亚，巴西4比0大胜。小组第三战，巴西与哥伦比亚1比1战平。小组前三战一胜两平，巴西U17被逼上了绝路，最后一战对乌拉圭必须取胜或打平。输了的话，巴西U17将遭淘汰，无缘接下来的四强战。而只有排名南美前三，球队才有资格参加9月份在埃及举行的U17世青赛。

对乌拉圭，巴西U17开局不利，对手率先破门。0比1落后的情况下，罗纳尔迪尼

奥又射失点球。更为雪上加霜的是，巴西U17还被红牌罚下一人，只能以十人应战，处境更加被动。好在第90分钟和第91分钟，巴西青年军连进两球，最终艰难地2比1逆转对手。

四强战，巴西5比0大胜东道主，5比3胜智利，两轮过后拿到6分，而阿根廷则一胜一平拿到4分，均已确保世青赛参赛资格。最后一轮，巴西对阿根廷，那相当于决赛。巴西只要不输就夺冠，而阿根廷要想夺冠，必须要击败巴西。

那一战于3月16日举行，巴西U17主教练是卡洛斯·塞萨尔·拉莫斯·库斯托迪奥，而阿根廷青年军主帅则是日后的潘帕斯名帅何塞·佩克尔曼。第34分钟，阿根廷率先破门，1比0领先。第71分钟和第80分钟，巴西队连入两球，最终2比1击败对手，以不败战绩夺冠。

哥哥没拿过南美冠军，弟弟却拿到了。1997年巴拉圭南美U17足球锦标赛，由罗纳尔迪尼奥领衔，巴西U17共有五人入选赛事最佳阵容。那是罗纳尔迪尼奥身披桑巴黄衫拿到的第一个国际大赛冠军，也是巴西U17历史上第四次南美夺冠。此前，巴西U17曾于1988年、1991年和1995年捧杯。

10.

U17世青赛冠军

尽管被称作足球王国，世界杯上已经四次夺冠，但截至1997年，巴西男足还有两个冠军从没拿过：一个是奥运会足球金牌，一个是U17世青赛冠军。1997年9月4日，埃及U17世青赛开打，巴西青年军再度向冠军发起冲击。

巴西U17青年队保留了那年南美锦标赛的夺冠班底，主教练库斯托迪奥只做了五处人员调整。巴西U17被分在C组，小组对手是奥地利、美国和阿曼。首战奥地利，巴西U17以7比0的比分大胜，罗纳尔迪尼奥打进第6球。次战美国，巴西3比0轻取。小组末战对阿曼，巴西3比1击败对手，以三战全胜佳绩挺进八强。

1/4决赛，对手是阿根廷，巴西U17再度取胜，比分为2比0。半决赛对德国，巴西青年军4比0大胜。第88分钟，罗纳尔迪尼奥凭借点球锁定比分，打进个人世青赛第二球。决赛上，巴西的对手是加纳。1995年厄瓜多尔U17世青赛决赛，巴西青年军2比3不敌对手屈居亚军。

这一次，巴西人势在必得。就连时任巴西体育部长的球王贝利也到埃及开罗国家体育场观看决赛，为巴西U17加油打气。9月21日，罗纳尔迪尼奥和队友们创造了历史。虽然先失一球，但巴西U17完成2比1逆转，第一次拿到了U17世青赛冠军。

那场决赛，加纳第39分钟首开纪录。第65分钟，罗纳尔迪尼奥带球杀入禁区，射门被加纳门将扑出，巴西11号前锋马图扎伦补射入网，将比分改写成1比1。队友进球之后，罗纳尔迪尼奥奔到场边的电视摄像机前，兴奋地大喊大叫，并用两手做出1比1的手势。

第71分钟，巴西队9号法比奥·平托在争抢中给了对方防守球员一记耳光，对手掩面倒地。主裁判毫不留情，向巴西前锋直接出示了红牌。那届世青赛，法比奥·平托表现不俗，打进4球穿走赛事铜靴，并捧起了银球奖杯。可是由于他的不冷静，在决赛余下的时间里，巴西U17不得不少一人应战。

危难时刻，又是罗纳尔迪尼奥挺身而出。距比赛结束仅剩三分钟，第87分钟，接队友左路横敲，罗纳尔迪尼奥一个精准直塞，队友2号右后卫安德烈飞速杀入禁区，赶在对方门将封堵之前挑射入网。

赛后，《圣保罗页报》专栏作家、巴西著名足球评论员茹卡·科弗里在其《金童》一文中写道："10号罗纳尔多给右后卫安德烈的传球让人想起1970年墨西哥世界杯球王贝利给卡洛斯·阿尔贝托的那记妙传，这是巴西U17最终成为世青赛冠军的金钥匙。"

埃及世青赛上，巴西U17进21球仅失两球。参与巴西U17两个决赛进球，罗纳尔迪尼奥毫无争议地当选决赛最佳球员。不过，赛事最佳球员奖却颁给了西班牙边锋塞尔吉奥·桑塔马里亚。三四名争夺战，西班牙2比1击败德国夺得铜牌。

除了没能当选赛事最佳球员，埃及世青赛上罗纳尔迪尼奥还有另一个遗憾：给巴西U17颁奖时，时任国际足联主席、巴西人阿维兰热从贵宾席下到场内，但同样在贵宾席观看了决赛的球王贝利却没参与颁奖仪式，因为他跟阿维兰热有矛盾，两人水火不投。

要说遗憾，还有第三个遗憾。1997年南美青年锦标赛和埃及世青赛夺冠成员中，后来只有罗纳尔迪尼奥一人入选巴西国家队并成名。其他队友长大后都泯然众人，没一个人踢出大名堂。

第三部分

一鸣惊人

（1998-2001）

01.

17岁成了职业球员

1998年1月初，罗纳尔迪尼奥随格雷米奥青年队参加了圣保罗青年足球杯，那是巴西足坛规模最大、最负盛名的青年足球赛事。去圣保罗打比赛前，格雷米奥一队主帅拉扎罗尼对他说："青年杯后，你跟一队去南里奥格兰德山区进行赛季前备战。"

那届圣保罗青年足球杯，格雷米奥U20踢得并不好。小组赛阶段，格雷米奥U20被分在E组，最终名列第三，未能小组出线。而同城死敌巴西国际青年队却拿到了冠军，他们阵中有日后大红大紫的巴西国家队铁汉中卫卢西奥。

拉扎罗尼果然没食言，罗纳尔迪尼奥随青年队回到阿雷格里港后，拉扎罗尼不

初上格雷米奥一队时的罗纳尔迪尼奥。

仅把他提拔到一队，还把10号球衫给了他。1998年1月17日，友谊赛对阵塞哈诺，罗纳尔迪尼奥完成职业生涯首秀。那场比赛，格雷米奥3比0取胜。

罗纳尔迪尼奥的合同1月31日到期，怕他被别人抢走，1998年2月16日，格雷米奥俱乐部与他续约。合同为期三年，2001年2月15日到期。1998年2月16日至1999年2月15日，罗纳尔迪尼奥月薪两万雷亚尔。1999年2月16日至2000年2月15日，他月薪增至3万雷亚尔。2000年2月16日至2001年2月15日，他的工资涨到每月4.5万雷亚尔。

同年解放者杯上，罗纳尔迪尼奥迎来正式比赛首秀。那是1998年3月4日，解放者杯B组首轮，格雷米奥迎战达伽马，拉扎罗尼派他首发出场。

格雷米奥时隔多年重返解放者杯，球迷对那场比赛很重视，主场奥林匹克球场坐了5万多观众。身披10号战袍，罗纳尔迪尼奥初生牛犊不怕虎，表现相当精彩。第62分钟，他主罚角球，助攻队友前锋吉列尔梅头球建功。那场比赛，格雷米奥1比0小胜，取得解放者杯开门红。

十多年后，前锋吉列尔梅还记得罗纳尔迪尼奥职业生涯奉献的首个助攻。他回忆说："我记得，刚从梯队上来时，对他的评论就很多，他俨然已是一位未来巨星，已然很受人喜爱。在训练中，他就显示出他的与众不同，他确实与众不同。对于好球员，年龄不是问题，上场一踢就能看出水平高低。他罚出的角球非常棒，我冲入禁区把球顶进。他触球的感觉一直都非常好。"

那届解放者杯，格雷米奥打了10场比赛。10场比赛，罗纳尔迪尼奥场场首发。小组赛第5轮主场对墨西哥芝华士，他还打进个人解放者杯首球。1/4决赛，对手又是最终夺冠的达伽马。主场作战，格雷米奥1比1与对手战平，次回合在客场则0比1败北，总比分1比2遭淘汰，罗纳尔迪尼奥的首次解放者杯之旅提前结束。

1998年，各种比赛都算上，罗纳尔迪尼奥总共为格雷米奥出战48场，打进8球，另有两次助攻。对于一个18岁的新人来说，这样的开局不算差。

02.

U20世青赛止步8强

1999年U20南美足球锦标赛于当年1月6日至25日在阿根廷举行，罗纳尔迪尼奥身披11号战袍出战。

小组赛上，巴西青年军4比0击败玻利维亚，3比1胜哥伦比亚，1比1战平巴拉圭，0比0打平乌拉圭，4战2胜2平，以不败战绩挺进6强赛。

6强赛上，巴西U20首战2比3不敌智利，次战3比1击败巴拉圭，第三战1比2负于阿根廷，第四战6比0狂胜秘鲁，第五战2比2与乌拉圭战平。最终，2胜1平2负，巴西U20拿到了第三，与阿根廷、乌拉圭和巴拉圭一起晋级当年的U20世青赛。

第12届国际足联U20世青赛于1999年4月3日至24日在尼日利亚举行，与南美U20锦标赛时不同，罗纳尔迪尼奥改穿7号黄衫。巴西U20被分在F组，同组对手有西班牙、赞比亚和洪都拉斯。

首战西班牙，巴西0比2完败，罗纳尔迪尼奥第67分钟被替换下场。次战洪都拉斯，巴西3比0取胜，他踢了75分钟。第三战对赞比亚，桑巴青年军5比1大胜，他第27分钟打进一球。1/8决赛，对手是克罗地亚，巴西人4比0完胜。1/4决赛，面对南美老对手乌拉圭，巴西队1比2失利，罗纳尔迪尼奥第16分钟还吃到黄牌。两年前在埃及夺得U17世青赛冠军，这一次他没能再夺U20世界冠军。

与巴西在小组首战交手的西班牙U20，阵中有日后在巴萨如日中天、大名鼎鼎的哈维。小组出线后，西班牙先后淘汰美国、加纳和马里杀进决赛，决赛上则4比0狂胜日本U20夺冠。

03.

羞辱四冠队长邓加

1999年6月20日，罗纳尔迪尼奥一战成名。那是南里奥格兰德州联赛决赛，格雷米奥对阵同城死敌巴西国际。

格雷米奥和巴西国际是巴西足坛两大豪门俱乐部，格雷米奥1981年和1983年两获巴甲联赛冠军，1983年夺得过丰田杯冠军。巴西国际也是强队，20世纪70年代鼎盛期，曾涌现出国脚法尔考等一大批球星，1975年、1976年和1979年三夺巴甲冠军。

格雷米奥和巴西国际是世仇，1999年6月20日那场决赛是史上第341场同城德比。格雷米奥一边有新星罗纳尔迪尼奥，巴西国际阵中则有巴西队四冠队长邓加。

1994年美国世界杯决赛，巴西队击败意大利夺冠，邓加作为队长第一个举起大力神杯。除了美国世界杯，邓加还代表巴西参加了1990年意大利世界杯和1998年法国世界杯。

邓加是巴西国际培养出来的球员，之后在意甲和德甲取得成功。1995年至1998年，邓加效力日本J联赛球队磐田喜悦。1999年，他叶落归根，加盟老东家巴西国际。邓加是1963年10月31日生人，当时已经35岁。又踢了一年，2000年他就正式退役。

当迟暮邓加遇上少年罗纳尔迪尼奥，其结果可想而知。尽管体力不复从前，但邓加经验丰富。可在天赋绝伦的罗纳尔迪尼奥面前，再丰富的经验都不够用。

1990年意大利世界杯1/8决赛，邓加曾被马拉多纳羞辱。在巴西队中场，马拉多

纳过掉邓加后妙传卡尼吉亚，"风之子"一剑封喉，帮助阿根廷1比0淘汰巴西队。而1999年州联赛决赛上，则轮到少年罗纳尔迪尼奥羞辱邓加。

那场比赛，邓加踢得依旧凶猛。罗纳尔迪尼奥左边路得球，后腰邓加补防。他来了一个凶狠的放铲，想让19岁的罗纳尔迪尼奥吓破胆。皮球被铲出边线，但邓加没铲到罗纳尔迪尼奥。格雷米奥10号轻巧地一跳，躲过了邓加的飞铲。身体落下时，他的左脚还踩到了邓加右大腿根部，令四冠队长一脸的痛苦。

之后，面对防守他的邓加，罗纳尔迪尼奥还玩了一个精彩的牛尾巴过人，过掉四冠队长后传中。那场比赛，格雷米奥1比0取胜，而禁区内爆射破门的正是罗纳尔迪尼奥。下半场，在左侧边路，接队友掷出的界外球，罗纳尔迪尼奥一个漂亮的挑球过人过掉邓加，然后胸部停下皮球，带球长驱直入，邓加转身再追时已经鞭长莫及。

1999年州联赛，格雷米奥夺冠，那是罗纳尔迪尼奥职业生涯第二个冠军。此前，格雷米奥拿到了1999年南部杯冠军。南部杯由巴西足协举办，1999年是第一届。巴西南部三州巴拉那州、圣卡塔琳娜州和南里奥格兰德州各派4支强队参加南部杯，冠军获得同年南美足联杯参赛权。

在1999年州联赛上，罗纳尔迪尼奥17战打进15球，穿走了赛事金靴。那是长达18年职业生涯中，罗纳尔迪尼奥第一次荣膺一项赛事的头号射手称号。

04.

打美洲杯感谢"小魔鬼"

1999年美洲杯是第39届，于那年6月29日至7月18日在巴拉圭举行。年仅19岁，罗纳尔迪尼奥就入选巴西国家队，并获得打美洲杯的机会。而他之所以能去巴拉圭，既要感谢时任巴西队主教练卢森博格慧眼识金，也要感谢科林蒂安前锋埃迪尔森的"成全"。没有埃迪尔森的荒唐之举，罗纳尔迪尼奥打不了那届美洲杯。

1999年6月20日，为了备战巴拉圭美洲杯，卢森博格带巴西国家队在巴拉那州边境小城伊瓜苏集训，埃迪尔森也得到征召。但那天，科林蒂安和帕尔梅拉斯要打圣保罗州联赛决赛，因此埃迪尔森推迟一天到巴西队报到。

6月13日决赛首回合，主场作战的科林蒂安3比0大胜。6月20日次回合，科林蒂安第34分钟首开纪录，帕尔梅拉斯在第36分钟和第39分钟连扳两球，将比分改写成2比1。第73分钟，埃迪尔森破门，将比分锁定为2比2。最终，科林蒂安夺冠，总比分是5比2。

埃迪尔森绰号"小魔鬼"，有不少鬼点子。决赛次回合，在科林蒂安总比分领先的情况下，埃迪尔森想方设法拖延时间。比赛末段，在前场得球后，他既不传球，也不突破过人，而是颠起球来。他那种行径引起帕尔梅拉斯球员强烈不满，以他颠球拖延比赛时间为导火索，两队球员在球场上大打出手。

作为一名巴西国脚，埃迪尔森不遵守公平竞赛原则，不尊重对手，造成很坏影响，卢森博格当晚就将他从巴西队除名。

当天晚上，圣保罗州联赛决赛过后，帕尔梅拉斯主教练斯科拉里作为嘉宾参加

了巴西Band电视台的"超级教练"节目。在节目过程中，埃迪尔森打来电话为自己辩护，他跟斯科拉里吵了起来。

斯科拉里气愤地说："我不想要你在我手下踢球，永远不！"埃迪尔森不甘示弱："我也绝不会在你这样的野蛮人手底下踢球！"说完了，埃迪尔森就挂断了电话。那场争吵为Band电视台创下了三年间的最高收视率，高达13个点。

第二天是个星期一，卢森博格征召了罗纳尔迪尼奥。那天，罗纳尔迪尼奥跟格雷米奥队友去参加环球台著名主持人福斯唐主持的一档节目。节目中，福斯唐说他入选了国家队，罗纳尔迪尼奥还以为是在骗他。但一贯爱开玩笑、爱搞恶作剧的福斯唐没骗他，他真的入选巴西队了。

巴西著名体育主持人米尔顿·内维斯认为，如果没有埃迪尔森事件，罗纳尔迪尼奥应该打不上1999年巴拉圭美洲杯，他的命运或许会是另外一个样子。米尔顿·内维斯说得有点绝对，即使没打上1999年美洲杯，以罗纳尔迪尼奥的过人天赋，他早晚会脱颖而出，早晚会在巴西国家队获得崭露锋芒的机会。

不过，能在1999年6月21日第一次入选巴西国家队，罗纳尔迪尼奥真的要感谢埃迪尔森。此前，他从没入选过国家队。要不是"小魔鬼"发狂，巴拉圭美洲杯没有罗纳尔迪尼奥什么事儿。

当然了，卢森博格之所以征召罗纳尔迪尼奥来填充埃迪尔森留下的空缺，还有地理因素的考虑。伊瓜苏位于巴西南部，与巴拉圭隔河相望，而它离南里奥格兰德州也非常近。征召罗纳尔迪尼奥勤王，他到巴西队报到也方便。

在巴西队，罗纳尔迪尼奥很快就迎来首秀。那年6月26日，友谊赛上主场对阵拉脱维亚，他身披7号战袍首发出场并打满90分钟。巴西队3比0取胜，中场阿莱士、左后卫罗伯特·卡洛斯和前锋罗纳尔多各入一球。

05.

美洲杯技惊四座

　　1999年6月30日，美洲杯小组赛首战，巴西队迎战委内瑞拉。第28分钟，罗纳尔多首开纪录。第40分钟，后腰埃莫森禁区内头球破门。第54分钟，前锋阿莫鲁索进球。第62分钟，罗纳尔多梅开二度，将比分扩大为4比0。第70分钟，罗纳尔迪尼奥身披21号球衫上场，他顶替的是10号阿莱士。三分钟后，第一次触球，罗纳尔迪尼奥就进球了。

　　当时，卡福带球下到底线附近。面对委内瑞拉3号左后卫豪尔赫·罗哈斯的防

1999年美洲杯对委内瑞拉一战打进个人巴西队首球后的罗纳尔迪尼奥。

守，巴西队右后卫传中禁区。皮球在地上弹了一下，又弹到罗纳尔迪尼奥小腿上。他没等皮球落地，一个巧妙的挑球过人过掉委内瑞拉6号中卫何塞·曼努埃尔·雷伊，之后飞速前插。皮球落地后又弹了一下，罗纳尔迪尼奥顺势用右脚后跟外侧一捅，过掉了补防的豪尔赫·罗哈斯，然后小角度劲射破门，为巴西队打入第5球。

那场比赛由巴西环球台直播，早在进球之前，解说员加尔旺·布埃诺就开始重复同样一句话，一直到皮球已经安睡在网窝里也没停下来。他说的是："看他干的！看他干的！看他干的！看他干的！……"

在巴西队的第一个进球，罗纳尔迪尼奥献给了母亲米格莉娜，在电视机前观看比赛直播的母亲激动得哭了。那场比赛，巴西队最终7比0大胜委内瑞拉，取得美洲杯开门红。在巴西队的处子球，罗纳尔迪尼奥进得异常漂亮，堪称"世界波"。

赛后，媒体的焦点不是梅开二度的"外星人"罗纳尔多，而是19岁的罗纳尔迪尼奥。所有的记者都围在罗纳尔迪尼奥身边，他身前满是话筒，罗纳尔多只能落寞地从他身后走过。

对于那个技惊四座的精彩进球，罗纳尔迪尼奥的解释是："第一次触球，我不得不挑球过掉对方中卫，因为皮球弹了起来。然后，我不得不用后脚跟捅了一下皮球，为射门做准备。"

第一次代表巴西队在国际大赛上上场就进球，罗纳尔迪尼奥显然很激动："我不知道是该哭，还是该笑，或者是该喊出声来。我是那样激动，我甚至都觉得眼前一黑。"

主教练卢森博格也夸奖了罗纳尔迪尼奥，同时批评了被除名的埃迪尔森："罗纳尔迪尼奥做出那样的动作（挑球过掉邓加）是为了进球，他不像埃迪尔森。在圣保罗州联赛决赛上，埃迪尔森（颠球）是为了羞辱对手。"

传球给罗纳尔迪尼奥的卡福也对巴西队小将赞不绝口："他好像在巴西队已经踢了十年，他触球时显得轻而易举。"在巴西国家队，初出茅庐的罗纳尔迪尼奥跟埃莫森住在同一个房间，效力德甲勒沃库森的巴西后腰则希望室友保持头脑冷静："他不能感到比别人高出一头。"

　　那届美洲杯，巴西队7比0胜委内瑞拉，2比1赢墨西哥，1比0击败智利，小组赛3战3捷。1/4决赛，桑巴军团2比1小胜宿敌阿根廷。半决赛，巴西队2比0击败墨西哥。7月18日的决赛上，卢森博格的弟子们3比0击败乌拉圭。最终，巴西队6战6捷夺冠。

　　作为巴西队新人，罗纳尔迪尼奥小组赛3次替补登场。对委内瑞拉，他打了20分钟。对墨西哥，他踢了10分钟。第三战对智利，巴西队出线无虞，卢森博格让他打了整个下半场。1/4决赛对阿根廷和决赛对乌拉圭，格雷米奥新星都没有上场。半决赛对墨西哥，他第75分钟上场，打了15分钟。

06.

得名罗纳尔迪尼奥·高乔

1999年6月26日对拉脱维亚友谊赛，是在巴西南部巴拉那州首府库里蒂巴的拜沙达球场举行。那场比赛，罗纳尔迪尼奥第一次代表巴西队上阵，身披7号战袍的他与成名已久的"外星人"罗纳尔多在锋线上搭档。巴西队同时有了两个罗纳尔多，而且都是在进攻端。于是问题来了：该怎么称呼他们才不至于混淆？

巴西队中的重名现象早已有之，这不是第一次。实际上，在佩雷拉四冠巴西队中，也有两个罗纳尔多。

1994年美国世界杯，17岁天才少年罗纳尔多得到儒帅佩雷拉征召。尽管没上场打一分钟比赛，当时效力巴甲豪门克鲁塞罗的罗纳尔多也跟巴西队一道拿到了世界杯第四冠。

另一个罗纳尔多全名罗纳尔多·罗德里格斯·德·热苏斯，1965年6月19日出生，比1976年9月22日出生的克鲁塞罗前锋大9岁。

年纪小的罗纳尔多是里约人，年纪大的罗纳尔多是圣保罗人，在场上踢中后卫。老一点的罗纳尔多身高1.90米，年轻的罗纳尔多身高1.83米。

美国世界杯上有两个罗纳尔多，该怎么区分他俩？巴西人有办法。

由于个子高大，圣保罗纳尔多早就得名罗纳尔当（Ronaldão）。在葡萄牙语里，名词或名字后所加的ão是指大词，除了表示个子大、块头大，同时也表示尊敬。

圣保罗纳尔多叫了罗纳尔当，里约前锋罗纳尔多可以还叫罗纳尔多。不过，巴西人还有一个习惯。他们喜欢在名词或名字后面加上指小词inho，以示

喜爱和亲昵。对于年仅17岁的罗纳尔多，媒体和球迷更喜欢称作罗纳尔迪尼奥（Ronaldinho）。

时间过了五年，罗纳尔多已拿过两次世界足球先生，名气已经非常大，但巴西人依旧喜欢叫他罗纳尔迪尼奥。在卢森博格巴西队，再一次有了两个罗纳尔多，这一次该怎么区分他俩？总不能管他们都叫罗纳尔多，或者都叫罗纳尔迪尼奥吧？

对于名字这个问题，初来乍到的罗纳尔迪尼奥显得非常谦逊低调。接受媒体采访，他说："管我叫什么都行。他（罗纳尔多）为自己挑好名字，剩下的名字归我。"

到底该怎么办？群众的力量是无穷的，也只有集思广益了。好在时间已经是1999年，已经是互联网时代，搞民意调查不用再借助耗时费力费钱财的读者来信方式。

在官方网站上，巴西最著名的足球杂志《记分牌》杂志搞了一项网上民意调查，群策群力，发动网民为格雷米奥的罗纳尔多起名字。

《记分牌》杂志给出了三个选项：罗纳尔迪尼奥·高乔（Ronaldinho Gaúcho）、罗纳尔迪尼奥（Ronaldinho）、罗纳尔多·高乔（Ronaldo Gaúcho）。当然了，如果球迷不同意这三个名字，也可以提出自己的建议。

网上投票结束，"罗纳尔迪尼奥·高乔"得到46.4%的选票。另有12%的投票者喜欢"罗纳尔迪尼奥"，"罗纳尔多·高乔"也得到约12%的选票。最终，"罗纳尔迪尼奥·高乔"这个名字以近半数的得票率高票当选。

叫"罗纳尔多·高乔"，显得不亲切，因为他还年轻。叫"罗纳尔迪尼奥"不行，因为里约罗纳尔多也叫罗纳尔迪尼奥。"罗纳尔迪尼奥"后面加上个"高乔"，"高乔"俨然成了格雷米奥罗纳尔多的姓氏，名字显得更高贵，像个艺名，而且还指明了他的出生地，跟里约罗纳尔多能区分开来。于是，格雷米奥的罗纳尔多就成了罗纳尔迪尼奥·高乔。

高乔是什么意思呢？高乔与南里奥格兰德州有关，在巴西指的是南里奥格兰德州人。高乔还有另外一个意思，指的是骑马的牧牛人，相当于美国的"西部牛仔"。实际上，不仅巴西有高乔人，在与南里奥格兰德州相邻的阿根廷和乌拉圭、

在离它很近的巴拉圭，也有高乔这个叫法。

可是罗纳尔迪尼奥·高乔这个名字还是太长，球迷称呼起来不方便，媒体用起来也不方便。后来，随着罗纳尔多年纪越来越大，人们不再昵称他罗纳尔迪尼奥了，而是尊称他罗纳尔多或者"现象"罗纳尔多（Ronaldo Fenômeno），罗纳尔迪尼奥就成了南里奥格兰德州罗纳尔多的专用名。

实际上，在家里，罗纳尔迪尼奥的父母、哥姐和其他亲友更喜欢叫他罗纳尔多。足球迷和粉丝们更愿意管他叫罗尼（Ronnie），而他的儿时伙伴们则依旧管他叫Shock（有"引起震惊的人或事物"之意）或Dente（丹特）。在葡萄牙语里，Dente是牙齿的意思。不用解释，其来历自明——伙伴们是在拿他前突的门牙寻开心。

07.

联合会杯最佳球员

1999年国际足联联合会杯于当年7月24日至8月4日在墨西哥举行，共有八支球队参赛。除了东道主和中北美及加勒比地区冠军墨西哥，参赛队还有欧洲冠军德国、亚洲冠军沙特、南美冠军巴西、南美亚军玻利维亚、非洲冠军埃及、大洋洲冠军新西兰和中北美洲及加勒比地区亚军美国。

美洲杯夺冠后，卢森博格给罗纳尔多、里瓦尔多、阿莫鲁索、卡福和罗伯特·卡洛斯等主力放了假。墨西哥联合会杯上，他带去了一支半主力、半替补阵容，给了罗纳尔迪尼奥等新人以机会。巴拉圭美洲杯上，格雷米奥新星身披21号黄衫。联合会杯上，他改穿意甲乌迪内斯前锋阿莫鲁索留下的7号战袍。

小组首战对德国，巴西队4比0大胜，泽·罗伯托首开纪录，罗纳尔迪尼奥打进第二球，阿莱士替补上场梅开二度。第二战1比0小胜美国，罗纳尔迪尼奥打进唯一进球。小组末战对新西兰，他又有斩获，巴西队2比0取胜。

半决赛对阵沙特，桑巴军团大开杀戒，8比2狂胜对手，罗纳尔迪尼奥上演个人首个巴西队帽子戏法。墨西哥联合会杯前四战，他场场有进球，4战总共打进6球。

决赛对东道主墨西哥，对手用了不到30分钟就2比0领先。之后，巴西队顽强扳平比分，可墨西哥人又连入两球。泽·罗伯托为本队打进第3球，但巴西队仍以3比4告负。

尽管决赛没进球，巴西队没拿到冠军，但19岁的罗纳尔迪尼奥还是用他精彩的表现征服了世界。除了打进6球当选赛事最佳射手穿走金靴外，他还荣膺联合会杯最

佳球员，捧起了金球奖。

2000年1月24日，国际足联在苏黎世颁发1999年联合会杯金球奖和金靴奖，但罗纳尔迪尼奥却不能飞往瑞士领奖。当时，他正随巴西国奥在巴拉那州隆德里纳集训，备战2000年悉尼奥运会南美区男足预选赛。

不能亲自领奖，罗纳尔迪尼奥感到遗憾："在足球生涯中，从梯队开始到现在，我已经拿了28个奖杯。可毫无疑问，这一个是最重要的。它激励我继续努力，帮助巴西队参加奥运会。"

那届奥运会南美区预选赛，小组赛在隆德里纳和另一座巴拉那州城市卡斯卡韦尔举行。坐镇隆德里纳，巴西国奥1比1平智利，2比0胜厄瓜多尔，3比0赢委内瑞拉，9比0大胜哥伦比亚，以A组第一身份出线。

在巴拉那州首府库里蒂巴举行的四强赛上，巴西国奥4比2击败阿根廷，3比1击败智利，2比2战平乌拉圭，拿到了奥运会南美区预选赛冠军。携手亚军智利，巴西国奥获得代表南美地区参加2000年悉尼奥运会的资格。

奥运会男足赛事只分配给南美十国两个名额，因此预选赛争夺异常激烈。为了确保万无一失，巴西足协派巴西国家队主教练卢森博格兼任巴西国奥主教练。感谢卢森博格的知遇之恩，罗纳尔迪尼奥踢得非常卖力。尽管并非正印前锋，只是边锋，某些场次还回撤至中场，但他一人独进9球，是那届预选赛上的头号射手。

08.

悉尼奥运会夺金梦碎

2000年悉尼奥运会男足赛事于9月13日至30日举行，巴西国奥被分在D组。在卢森博格公布的巴西国奥名单中，罗纳尔迪尼奥和阿莱士是夺金最大指望，前者身披7号黄衫，后者穿10号战袍。

小组首战对斯洛伐克，巴西国奥在先失一球的情况下逆转比分，最终取得3比1大胜。次战对南非，巴西国奥却1比3告负。小组末战对日本，巴西国奥1比0艰难取胜。最终，巴西国奥与日本同积6分，以净胜球优势获得D组头名。

小组三战，阿莱士发挥更出色，对斯洛伐克锦上添花锁定比分，对日本则打进制胜进球。反观罗纳尔迪尼奥，小组三战只是对南非打满90分钟，三场比赛无一进球。

9月23日1/4决赛，巴西国奥的对手是喀麦隆。第17分钟，喀麦隆前锋帕特里克·姆博马首开纪录。第94分钟，罗纳尔迪尼奥任意球破门，打进压哨球，帮助巴西国奥顽强扳平比分。

加时赛上半场，喀麦隆方面被罚下两人，巴西国奥11打9。但巴西国奥久攻不下，第113分钟，喀麦隆利用仅有的一次快速反击机会，由中场球员莫德斯特·姆巴米禁区外远射破门。

罗纳尔迪尼奥跑向自家球门，从网窝里捞出皮球。他转身急速奔向中圈，想马上开球，争取扳平比分。可他还没跑到中圈，主裁判已经吹响了终场哨。那届奥运会男足赛事，在淘汰赛阶段实行"金球制"。谁在加时赛阶段率先进球，谁就赢

了，比赛也就结束了。

2018年3月25日，参加ESPN巴西电视台"集萃"节目，罗纳尔迪尼奥竟然说他当时不知道赛制是"金球制"。"我们已经在奥运会上被淘汰了，但我们还不知道。当时实行'金球制'，可没人提醒我们。当时我们想：'赶紧去那里拿球，我们可以重新开始比赛。'"

打进金球，喀麦隆淘汰巴西国奥，罗纳尔迪尼奥的奥运金牌梦破碎了。桑巴军团输得心服口服，喀麦隆国奥确实实力强劲。半决赛，"非洲雄狮"2比1力克智利，决赛则与西班牙2比2打平，点球大战5比3胜出，首次夺得奥运足球金牌。

后来，卢森博格遭解职。卢森博格被炒，巴西国奥在奥运会1/4决赛上输给喀麦隆只是导火索。在世界杯南美区预选赛上，巴西队也战绩不佳。卢森博格还深陷逃税丑闻，在巴西队主教练任上，他还收取某些巴西球员进贡的钱财，即使水平不够也招他们进国家队，以使其身价得到提升。此外，他在自己的年龄上也撒了谎。

巴西国奥悉尼奥运会兵败，卢森博格找替罪羊，把责任推到队中最有名气的两位球星罗纳尔迪尼奥和阿莱士身上。不仅卢森博格，也有不少球迷认为阿莱士和罗纳尔迪尼奥难辞其咎，尤其是后者。确实，在悉尼奥运会上，罗纳尔迪尼奥确实发挥不佳。但锅不能让他一个人背，卢森博格的失误和无能才是失利的主要原因。

09.

"罗纳尔迪尼奥足球俱乐部"

1998年，升上一队的第一年，罗纳尔迪尼奥为格雷米奥上场48次，打进8球。1999年，一鸣惊人的一年，罗纳尔迪尼奥48战进了23球。尽管有巴西国家队和巴西国奥的征召，2000年，罗纳尔迪尼奥仍为格雷米奥出战49场，打进41球。

那相当于每场比赛进0.84球，数据相当惊艳。巴西著名的《圣保罗页报》甚至评论说："给格雷米奥起外号叫'罗纳尔迪尼奥足球俱乐部'一点也不夸张，他成了格雷米奥的'主人'。"

2000年州联赛上，格雷米奥杀进了决赛，对手是现任巴西国家队主教练蒂特执教的南卡西亚斯。6月14日在客场，格雷米奥0比3不敌对手。6月18日回到主场，三色军团与对手0比0战平，最后只能屈居亚军。不过，在州联赛上，罗纳尔迪尼奥表现出色。13次出场，他总共打进了11球，在射手榜上名列第二，只比头号射手少两球。

那年的巴甲联赛真名若昂·阿维兰热杯，在第一阶段单循环赛上，罗纳尔迪尼奥出战15场打进8球。在淘汰赛阶段，从1/8决赛主客场两回合起，一直到半决赛首回合客场2比3输给圣卡埃塔诺止，5场比赛，格雷米奥总共进了7球，罗纳尔迪尼奥一个人就打进6球。

不过，半决赛次回合回到主场，格雷米奥没能翻盘，反而1比3告负，以3比6的总比分遭淘汰。职业生涯，先后效力格雷米奥、弗拉门戈和米涅罗竞技三支巴西国内球队，但罗纳尔迪尼奥从未拿过巴甲联赛冠军。那一次，是比较接近的一次。

2000年是罗纳尔迪尼奥出道以来在格雷米奥踢得最好的一年，年纪轻轻，天赋

异禀，这样的罗纳尔迪尼奥谁不爱？2000年12月中旬，据法国《巴黎人报》报道，法甲豪门巴黎圣日耳曼有意于罗纳尔迪尼奥，愿意为他出价6200万美元。据说意甲豪门米兰也想把他买到手，以便为其阿根廷中场里克尔梅做B角。

为了宣传2002年韩日世界杯，2001年1月3日，日韩足球明星联队将与世界足球明星联队在世界杯决赛球场横滨国际综合竞技场打一场友谊赛，世界明星联队主教练是意大利名帅萨基。在他所公布的18人名单中，罗纳尔迪尼奥是最后一个被征召者。

那场比赛，世界明星联队与日韩明星联队1比1战平。20岁的年纪，能与罗马里奥、里瓦尔多、奥特加、温特、马特乌斯、齐拉维特等巨星相提并论，那对罗纳尔迪尼奥是个莫大的承认。他不再是巴西的罗纳尔迪尼奥，他已经开始走向世界。

不过，由于去日本路途太过遥远，罗纳尔迪尼奥和罗马里奥、里瓦尔多、罗伯特·卡洛斯等巴西球星一样，都拒绝了萨基的征召。他第一次去亚洲，去日本，要等到2002年韩日世界杯了。正是在那届世界杯上的精彩表现，使全世界的人都开始知道和喜欢罗纳尔迪尼奥。

10.

格雷米奥不想放他去欧洲

　　成名之后，罗纳尔迪尼奥的转会离开注定不可避免。1997年，在埃及世青赛上夺冠并当选最佳球员之后，荷甲埃因霍温曾为他报价700万元欧元。

　　罗马里奥和罗纳尔多转会欧洲的第一站都是埃因霍温，以荷甲豪门为跳板，"独狼"和"外星人"均转投巴塞罗那，效力巴萨期间都当选国际足联世界足球先生，罗纳尔多还蝉联桂冠。

　　如果罗纳尔迪尼奥转会埃因霍温，在荷甲淬火一两个赛季后再转投巴萨，也在那里当选世界足球先生，那将是国际足坛的一段佳话：三位巴西巨星在欧洲的第一站都是埃因霍温，在埃因霍温成长和成熟之后，他们都在巴萨封王。可惜的是，格雷米奥一口回绝了埃因霍温的报价，它嫌钱太少。

　　1999年美洲杯，小组首战对委内瑞拉替补上场，罗纳尔迪尼奥大放异彩，打进世界波进球。美洲杯后，有经纪人报价3000万美元，想把他弄到意甲。2000年2月上旬，又有消息说，西甲豪门巴萨愿意为他出价6000万美元，却遭到格雷米奥拒绝，它的心理价位是7000万美元。

　　到了2000年2月16日，又有一家名叫Global Transfer（环球转会）的德国经纪中介公司报价8000万美元，想把罗纳尔迪尼奥弄到英超球队利兹联。在20世纪90年代，对于一位新星来说，8000万美元委实不低。不过利兹联官方否认对罗纳尔迪尼奥进行过报价，那件事后来没了下文。

　　实际上，好不容易培养出个巨星坯子，格雷米奥不想早早放罗纳尔迪尼奥走，

想让他为它效几年力。英超利兹联开出8000万美元的报价后，格雷米奥俱乐部主席若泽·阿尔贝托·格雷罗命人在奥林匹克球场入口处挂了一条横幅，上写："我们不卖我们的巨星。"

贝利任体育部长时期，巴西制订了《贝利法》。它相当于巴西的博斯曼法案，于1998年3月24日获批准通过并生效。《贝利法》的要点是结束对球员自由转会限制颇多的《转会法》，但它给了三年缓冲期，《转会法》于2001年3月24日失效。从那天起，根据《贝利法》，球员合同到期后可以与其他俱乐部自由签约。

罗纳尔迪尼奥与格雷米奥的合同2001年2月15日到期，如果续约不成的话，从罗纳尔迪尼奥身上，格雷米奥将一分钱也赚不到。因此，当2001年开始时，格雷米奥俱乐部的燃眉之急是赶紧与他续约。

根据与格雷米奥的合同，2000年时，罗纳尔迪尼奥的月薪涨到4.5万雷亚尔。当时，1美元兑换1.9雷亚尔，按月薪4.5万雷亚尔换算，他每月能拿2.4万美元，年薪将近30万美元。为了续约成功，格雷米奥提出把他的工资涨到15万雷亚尔，但条件是他得与俱乐部续约三年。

为了留住罗纳尔迪尼奥，格雷米奥还大打感情牌，说罗纳尔迪尼奥年纪太小，不适应背井离乡去欧洲发展，留在格雷米奥踢球，他可以不离开家人，会踢得更好。

不过，罗纳尔迪尼奥的哥哥兼经纪人阿西斯认为涨到15万雷亚尔远远不够。当时，格雷米奥两位顶薪球员是世界杯四冠中场津霍和30岁前锋保罗·努内斯，他们每月能拿到20万雷亚尔。阿西斯指出，他弟弟也配拿顶薪。

可格雷米奥不想让步，主席格雷罗表示，俱乐部会尽力留住罗纳尔迪尼奥，但不会为此做出疯狂之举，而是会提出一个符合俱乐部经济现实的报价，因此他希望罗纳尔迪尼奥方面能予以配合。

11.

半路杀出个巴黎圣日耳曼

天要下雨，娘要嫁人。罗纳尔迪尼奥铁心要走的话，格雷米奥肯定拦不住。格雷米奥再给他涨工资，也比不上欧洲的工资水平，谁不想趁年轻多挣点儿钱呢？

于是，一个要价高，一个不肯再添钱，格雷米奥和罗纳尔迪尼奥谈崩了。阿西斯开始跟对弟弟感兴趣的巴黎圣日耳曼俱乐部进行接触。他那样做，一方面是为弟弟找下家，另一方面是为了向格雷米奥施压，好让它在续约谈判中做出让步。

格雷米奥也真的让步了，它又提出第二次报价：罗纳尔迪尼奥续约三年，第一年月薪为26万雷亚尔；第二年，工资增长20%，达到31.2万雷亚尔；第三年，工资在最初基础上增加40%，达到36.4万雷亚尔。可罗纳尔迪尼奥方面仍不接受。

据媒体说，当时罗纳尔迪尼奥方面已经跟巴黎圣日耳曼谈妥转会事宜。2001年1月13日，巴黎圣日耳曼俱乐部主席劳伦特·佩佩雷第一次就罗纳尔迪尼奥转会一事发声。他说："什么都还没完成，不过，我们离谈妥已经很近了，我非常希望所有一切都能成。"

与此同时，法国《巴黎人报》报道说，1月15日，阿西斯、律师塞尔吉奥·内维斯和格雷米奥以及巴黎圣日耳曼俱乐部代表将在巴黎会面，讨论罗纳尔迪尼奥转会法国俱乐部一事。不过，格雷米奥副主席若泽·奥塔维奥·热尔马诺很快就予以否认。

格雷米奥不愿意谈，巴黎圣日耳曼干脆就越过它，单独跟罗纳尔迪尼奥方面谈。巴黎圣日耳曼有它的如意算盘，罗纳尔迪尼奥与格雷米奥的合同2月15日到期，那之后他就成了自由身，它可以一分钱不花就把巴西足坛的一块璞玉弄到手。

巴黎圣日耳曼态度很强横，有着法国人的傲慢和自大。1月17日，巴黎圣日耳曼通过其官网宣布它已跟罗纳尔迪尼奥签约（实际上是预合同）。法国俱乐部说，它和巴西新星签约五年，从2001/2002赛季起，罗纳尔迪尼奥就是它的人了。

高乔人有高乔人的血性，格雷米奥马上提出强烈抗议，说它从未收到过巴黎圣日耳曼的报价，法国俱乐部也从未与它进行过接触。格雷米奥态度坚决，说罗纳尔迪尼奥是非卖品，它现在唯一想做的事是跟罗纳尔迪尼奥续约。

格雷米奥心存侥幸，第三次提出报价，这次改为续约两年。头一年，罗纳尔迪尼奥月薪30万雷亚尔。第二年，他的月薪提高到40万雷亚尔。除此之外，格雷米奥再给他2000万雷亚尔签字费。

这样算下来，罗纳尔迪尼奥两年总收入高达2840万雷亚尔，每年收入1420万雷亚尔，换算成美元超过700万美元。这个年薪不算低了，即使放到现在。

格雷米奥也做了最坏的打算：如果罗纳尔迪尼奥非要走，它就打官司留人，至少把他留到年中，若还是留不住，就要求赔偿。

俱乐部主席格雷罗表态说："我们在做我们力所能及的事情，我们还在尝试续约。我们从没跟这家俱乐部（巴黎圣日耳曼）谈过。巴西（政府）应当在这类情况中保护其俱乐部。很不幸，我们得为一场司法大战做准备。"

打官司只是威胁，只是最后万般无奈情况下才会诉诸的手段。如果能好说好商量，格雷米奥还是愿意跟巴黎圣日耳曼和平解决罗纳尔迪尼奥转会一事。

1月18日，格雷米奥高层冷静了下来。副主席热尔马诺指出，巴黎圣日耳曼想不给格雷米奥钱就免费带走罗纳尔迪尼奥，这是行不通的。不过，热尔马诺也提出，格雷米奥可以卖人，但双方需要谈妥价钱，而且巴黎圣日耳曼得同意年底才带人走。

接受采访，热尔马诺说："他们（巴黎圣日耳曼）知道他们正冒着风险。他们跟球员签了预合同，但巴西法律站在我们这一边。因此，我们具备非常良好的谈判优势。"

12.

巴西法院禁止他上场比赛

巴黎圣日耳曼与罗纳尔迪尼奥偷偷摸摸签约，格雷米奥并不认输，它告到了法院。2001年2月13日，阿雷格里港第26劳动司法法院做出裁决，在转会纠纷未解决之前，禁止罗纳尔迪尼奥转会其他俱乐部，毁约金为4200万美元。

在阿雷格里港，罗纳尔迪尼奥已经待不下去了。1月31日，为格雷米奥效力的最后一战，球迷们朝他扔硬币，意思是他只认钱。球迷还骂他是"骗子龅牙"，拿他的长相讥笑他。有极端球迷还专门用"骗子龅牙"一词注册了一个网站，那个网站很是红火了一段时间。

在巴西国家队，罗纳尔迪尼奥最近一次上场还是2000年9月3日，世预赛主场对玻利维亚。那之后，卢森博格被炒鱿鱼，两任代理教练坎迪尼奥和佩德罗·桑蒂利都没再招他。2001年2月15日，与格雷米奥合同的最后一天，罗纳尔迪尼奥得到新帅莱昂的征召，才又重返国家队。2001年3月3日，巴西队将在友谊赛上对阵美国，3月7日将迎战墨西哥。

不再是格雷米奥球员，也不能去巴黎圣日耳曼，罗纳尔迪尼奥该怎么保持身体状态？2月22日上午8点20分，在哥哥兼经纪人阿西斯和体能教练的陪同下，他出现在里约州球队班固的训练场，并参加了训练。

原来，对于罗纳尔迪尼奥的情况，巴西国家队教练组很担忧。为了帮他保持状态，教练组安排他在班固进行训练。当时，巴西国家队协调是安东尼奥·洛佩斯，而他儿子安东尼奥·洛佩斯·菲利奥是班固队助理教练。在班固的训练功不可没，

对美国一战，罗纳尔迪尼奥首开纪录，帮助巴西队2比1取胜。

当时，小儒尼尼奥的情况跟罗纳尔迪尼奥的一样。他哭着喊着要加盟法甲里昂，也与老东家达伽马闹僵。罗纳尔迪尼奥和小儒尼尼奥都成了无俱乐部球员，他俩为巴西队打比赛时受伤了怎么办？巴西足协想出了一个办法，为他俩买了一份100万雷亚尔的保险。

3月28日，世预赛客场对厄瓜多尔，罗纳尔迪尼奥身披7号战袍首发出场，不过下半场他被换下。那一战，巴西队0比1告负。那之后，由于打不上比赛，在莱昂时代，罗纳尔迪尼奥再未得到国家队征召。

4月10日，尽管还没跟巴黎圣日耳曼签正式合同，还在跟格雷米奥打官司，罗纳尔迪尼奥还是抵达巴黎，并开始跟巴黎圣日耳曼队一起训练。但在巴黎，罗纳尔迪尼奥没待多久。

4月20日，阿雷格里港劳动法院进行调解，罗纳尔迪尼奥出庭，但他与格雷米奥未能达成协议。格雷米奥要价4200万美元，而巴黎圣日耳曼只肯出300万美元。达不成协议，法院维持原裁决，罗纳尔迪尼奥依旧不能转会。

格雷米奥是地头蛇，在阿雷格里港跟它打官司肯定打不赢，兴许法官就是格雷米奥球迷呢。4月底，罗纳尔迪尼奥的律师塞尔吉奥·内维斯把官司打到了国际足联，而格雷米奥也向国际足联提出辩护，坚持主张赔偿。

罗纳尔迪尼奥方面的理由是他跟格雷米奥的合同已经结束，作为自由球员，他可以跟任何一家俱乐部签约。而格雷米奥方面的理由则是，2月份，与它的合同还没结束时，罗纳尔迪尼奥就跟巴黎圣日耳曼签了预合同，因此它有权得到赔偿。

13.

国际足联最终裁决：600万美元

6月中旬，罗纳尔迪尼奥再度抵达巴黎。6月20日，他开始跟球队一起训练。7月4日，罗纳尔迪尼奥正式跟巴黎圣日耳曼签约，合同为期五年。但与格雷米奥的纠纷仍无法解决，格雷米奥同意将赔偿降低到2000万美元，巴黎圣日耳曼不接受。7月27日是法甲球员报名注册截止日，得在那之前解决罗纳尔迪尼奥转会纠纷。

罗纳尔迪尼奥方面在阿雷格里港法院提出上诉，要求法院确保球员的工作权。劳动法院法官做出让步，尽管仍不允许罗纳尔迪尼奥打比赛，但把该给格雷米奥的赔偿金降到1200万美元。

法官再次强调，在跟格雷米奥达成协议之前，罗纳尔迪尼奥不能上场比赛。法官还说，如果双方不接受调解，真打起官司来，审理过程会旷日持久，罗纳尔迪尼奥可能五六年打不上比赛。

但纠纷到底怎么解决，还要看国际足联。7月19日，国际足联通知格雷米奥和巴黎圣日耳曼，它将于7月27日召两方代表到场，讨论解决办法。

7月27日，在国际足联苏黎世总部，国际足联秘书长米歇尔·曾·鲁芬宁亲自上阵，但他没能说服两家俱乐部达成协议。因此，尽管在国际足联斡旋下，罗纳尔迪尼奥已在法甲注册，但他还不能代表巴黎圣日耳曼上场。

第二次协调定于8月15日举行，但出于保护球员的考虑，国际足联于8月2日做出裁决，准许罗纳尔迪尼奥代表巴黎圣日耳曼上场。也就是说，尽管围绕赔偿金额存在争议，国际足联已经事实上承认他是巴黎圣日耳曼球员。

8月4日，法甲第二轮，客场对欧塞尔，罗纳尔迪尼奥第一次为巴黎圣日耳曼披挂上阵。那场比赛，两队1比1战平，罗纳尔迪尼奥第69分钟上场，打了21分钟。那是他时隔4个月再次打正式比赛，他上次上阵还是3月28日巴西队对厄瓜多尔的世预赛。

原定于8月15日举行的调停被推迟，改到8月20日，但又被推迟。8月30日，格雷米奥和巴黎圣日耳曼代表在国际足联瑞士苏黎世总部再度会晤，但仍没达成协议。格雷米奥主张2850万美元，可巴黎圣日耳曼肯定不会给。

格雷米奥和巴黎圣日耳曼两家谈不拢，只能由国际足联裁定。国际足联原定于9月26日给出结果，但又被推迟到10月10日。10月10日，国际足联成立了专门的委员会，以解决罗纳尔迪尼奥转会问题，但当天并没有做出裁定。

10月16日，国际足联终于表态，说巴黎圣日耳曼应该赔偿格雷米奥。但它没有规定该赔偿多少，只是说两家俱乐部应该于10月25日就赔偿金额达成协议。如果双方谈不妥，国际足联将在10月31日的会议上加以确定。

10月18日，巴黎圣日耳曼致信格雷米奥，说愿意向它赔偿315万美元。这与格雷米奥的心理预期相差太远，它当然不能同意。10月31日，国际足联做出最终裁决，巴黎圣日耳曼应向格雷米奥赔偿600万美元。至此，历时9个多月，围绕罗纳尔迪尼奥转会产生的争端终于画上句号。

按照国际足联的要求，赔偿应于30天内给付。但直到2002年2月13日，巴黎圣日耳曼才给了钱。当时给了479万欧元，而2002年2月欧元兑美元汇率为1欧元兑换0.8715美元，也就相当于给了417.45万美元。不过，巴黎圣日耳曼承诺，未来罗纳尔迪尼奥转会时，转会费的5%归格雷米奥。

14.

有此一说：转会真相是这样的

　　罗纳尔迪尼奥当年离开格雷米奥的真相到底是什么？2012年10月，格雷米奥主席竞选人奥梅罗·贝利尼·儒尼奥尔打破了长达11年的沉默，透露了整个事件的细节。2000年上半年，贝利尼曾任格雷米奥俱乐部足球部副经理。下面是贝利尼所讲的罗纳尔迪尼奥转会案原委，不一定完全属实，但不妨姑妄听之：

　　1998年2月16日，格雷米奥与罗纳尔迪尼奥签了第一份职业合同，合同为期三年。根据这份合同，在第一年（1998年），罗纳尔迪尼奥月工资为2万雷亚尔。1999年2月16日至2000年2月15日，他每月工资为3万雷亚尔。从2000年2月16日至2001年2月15日合同结束，他的月薪涨到4.5万雷亚尔。

　　在1998年整个一年和1999年年初，罗纳尔迪尼奥都是替补。只是到了1999年南里奥格兰德州联赛末段，他才成为主力，决赛两回合都有出色表现。决赛第二天，罗纳尔迪尼奥得到巴西国家队第　次征召，小组首战对委内瑞拉，他打进了技惊四座的进球。

　　2000年5月2日，根据格雷米奥足球部经理安东尼奥·维森特·马丁斯的指示，贝利尼起草了一封信。信中说，从2000年5月起，将给罗纳尔迪尼奥加薪一倍，从原来的每月4.5万雷亚尔涨到9万雷亚尔。

　　马丁斯把信给了罗纳尔迪尼奥，可他却不接受涨薪，推说他对自己当时的工资水平已经很满意，不需要加薪。之前从没发生过那样的事情，一名球员竟然不愿意涨薪水。

很明显，什么地方出了差错。罗纳尔迪尼奥害怕他接受涨薪之后，他的合同解约金也随之提高，因为解约金是根据球员的工资水平计算的。

那时，格雷米奥收到了第一份真正有意的转会报价，报价来自米兰。这里指的是具体的报价，而不是通过电话传真发来的那种报价。

俱乐部找来罗纳尔迪尼奥的母亲米格莉娜商量这件事。她不同意卖罗纳尔迪尼奥，说他还太年轻，他还得在格雷米奥再待一段时间，得成熟了之后再去国外踢球。据她讲，他们不想再重犯阿西斯那样的错误。阿西斯早早去了欧洲，但由于还不成熟，他在欧洲没踢成功。

之后，格雷米奥着手与罗纳尔迪尼奥续约。可莫雷拉一家总说不着急，说罗纳尔迪尼奥热爱格雷米奥，在格雷米奥踢球他很快乐，合同续约不会有问题。之后，格雷米奥得知，在2000年5月或6月，他已经跟巴黎圣日耳曼签了预合同。

2000年7月，贝利尼改任俱乐部法律部副经理。尽管格雷米奥已经知道罗纳尔迪尼奥方面正在谋划一些事情，但它却不能做什么。因为不管是续约还是转会，格雷米奥都需要罗纳尔迪尼奥本人同意。格雷米奥要想起诉他，也需要有具体的理由，而那时还没有理由。

2000年12月，莫雷拉一家同意坐下来跟格雷米奥谈续约一事，但双方没达成任何一致意见。只是到了2001年1月底或2001年2月初，格雷米奥才找到所需的武器，在法庭上起诉了罗纳尔迪尼奥。

格雷米奥正在库里蒂巴打南米纳斯杯，对手是科里蒂巴。当时巴黎圣日耳曼官网发了一条消息，说它不用花钱就将把巴西当时最好的球员（罗纳尔迪尼奥）带到法国。

有了这条消息，格雷米奥终于拿到了证据。2001年2月7日，格雷米奥提出诉讼，要求在它收到它应得的转会费之前，罗纳尔迪尼奥不能代表任何球队上场。当时，《转会法》依然有效，格雷米奥有权主张罗纳尔迪尼奥的转会费。

罗纳尔迪尼奥也上诉，要求取消那条禁令。但无论是在地区劳动法院，还是在最高劳动法院，罗纳尔迪尼奥一方都未能胜诉。2001年7月31日，巴西法院做出判

决，罗纳尔迪尼奥将7个月不能踢球，巴黎圣日耳曼应向格雷米奥支付3000万雷亚尔转会费。

2001年9月，罗纳尔迪尼奥仍无法踢球。法国职业运动员工会代表与国际足联代表会晤，法方提出，如果国际足联不允许罗纳尔迪尼奥踢球，如果格雷米奥不撤掉在巴西的诉讼，他们将在苏黎世起诉国际足联。

国际足联害怕了，它给格雷米奥下了最后通牒：它必须放弃诉讼，否则的话国际足联将抽身，不再管这件事，不会裁定格雷米奥因为培养了罗纳尔迪尼奥应该得到多少钱。

当时格雷米奥没有钱，赞助商ISL已经破产。实际上，格雷米奥穷得连买卫生纸的钱都没有，俱乐部的卫生间里，卫生纸都暂停供应。

没有钱，支付不了球员的工资，就可能失去大批球员，他们可以自由转会。有鉴于此，格雷米奥最终放弃了官司，接受国际足联调停的550万美元。这件事就算了结了，但格雷米奥人也就恨起了罗纳尔迪尼奥。

第四部分
巴黎圣日耳曼和韩日世界杯
（2001－2003）

01.

开始留长发　穿21号原因

转会巴黎圣日耳曼，罗纳尔迪尼奥开始了欧陆生活。从2001年6月抵达巴黎起，到2010年年底离开米兰止，他在欧洲生活了将近十年。

事实上，那不是罗纳尔迪尼奥第一次到欧洲。1993年1月，他去过旧大陆，当时哥哥阿西斯在瑞士锡永踢球。1993年1月6日，哥哥和嫂子卡拉结婚。几天后，米格莉娜带着戴西和罗纳尔迪尼奥去瑞士看望长子和儿媳。在瑞士休闲胜地克莱恩蒙塔纳，罗纳尔迪尼奥人生第一次看到了洁白的雪。

巴黎是艺术之都、时尚之都、浪漫之都，来到巴黎之后，罗纳尔迪尼奥需要在形象上做出改变，才配得上这座非凡的城市。

在那之前，罗纳尔迪尼奥从没留过长发。小时候，他头发最长时也不过两三厘米。长大了，他依旧留短发。被招入巴西国家队之后，模仿同名巨星罗纳尔多，他干脆也剃了个光头。

但到了巴黎，罗纳尔迪尼奥决定蓄长发。于是一头长发和一条个性化的发带，再配上迷人的微笑，就成了他的标签。他脖子上还戴了一根银项链。项链上面挂着一个R形的金属坠儿，R是他名字的首字母。

在格雷米奥与巴黎圣日耳曼因他转会一事闹得不可开交时，巴西队帅位又易主了。2001年6月，莱昂遭解职，斯科拉里走马上任。

由于罗纳尔迪尼奥长时间无球可踢，7月1日客场对乌拉圭的世预赛和7月份的美洲杯，斯科拉里没招他。那届美洲杯在哥伦比亚举行，1/4决赛上，巴西队被受邀参

巴黎圣日耳曼时代的罗纳尔迪尼奥。

赛的中美洲"黑马"洪都拉斯2比0淘汰。

8月9日友谊赛对巴拿马，8月15日和9月5日世预赛对巴拉圭和阿根廷，罗纳尔迪尼奥依旧榜上无名。只是到了10月份对智利和玻利维亚两场世预赛，罗纳尔迪尼奥才重返国家队。不过，那两场比赛，他都坐在替补席。

11月7日，客战玻利维亚，罗纳尔迪尼奥依旧作壁上观。11月14日，巴西队2001年最后一战，南美区世预赛最后一轮，他才再度为国上阵。那场比赛关系到能否参加世界杯，巴西队三军用命，上半场就锁定3比0的比分。罗纳尔迪尼奥第67分钟替补上场，只打了23分钟。

10月初重返国家队，罗纳尔迪尼奥已不是原来的那个罗纳尔迪尼奥。在格雷米奥时，他体重75公斤。在巴黎待了没几个月，他长了两公斤，达到77公斤，比在格

雷米奥时更强壮了。

谈及自己为何要留长发，罗纳尔迪尼奥的解释是："头发一直在长，我没剃，让它们长。这样的发型，我感觉也挺好。还有另外一个原因，是因为那里（法国）实在太冷了。"

在巴黎圣日耳曼的第一个赛季，罗纳尔迪尼奥身披21号战袍。第二个赛季，他才改穿10号球衣。

至于为什么选择21号，罗纳尔迪尼奥日后的解释是："10号一直是我的号码，它也是我哥哥的号码。我的偶像济科、马拉多纳和贝利也穿10号。可当我到巴黎圣日耳曼时，10号球衣已经有了主人，它是属于奥科查的。我不知道该选哪个号码，那时我收到一位法国女孩儿写的信，她建议我穿21号。她说21号是适合我的号码，因为我的名字总共有21个字母，我出生在21号，我在21号得到巴西国家队首次征召，身穿21号球衣我打进个人国家队首球。我考虑了一下，觉得她说得也许有道理。确实，21号是个给我带来好运气的号码。直到现在它都是我的幸运号码：是在21号我跟巴塞罗那签约，也是在21号（实际上是20号）国际足联选我为2004年世界足球先生。"

02.

鱼子酱：成为队内头号射手的秘密

受转会争端影响，好几个月打不上比赛，但罗纳尔迪尼奥在巴黎圣日耳曼的首个赛季踢得很不错。

2001/2002赛季，罗纳尔迪尼奥总共出战40场，打进13球，还奉献8次助攻。40场比赛，他26次首发，14次替补上阵。26次首发，他18次打满全场，两次是第90分钟才被换下，欧联杯对格拉斯哥流浪者则踢了120分钟。

2001年下半年打了21战，罗纳尔迪尼奥11次首发，10次替补出场，5次打满90分钟，1次激战120分钟，1次第90分钟被换下场，总共进了6球。而2002年上半年，他19次出场，15次首发，4次替补上场，14次打满90分钟，1次第90分钟被换下，总共打进7球。用了半年时间，他就从替补成长为主力。

在2001/2002赛季上半段，长期停赛的罗纳尔迪尼奥身体状态平平，他也需要适应法国足球，因此在主力和替补之间摇摆。罗纳尔迪尼奥跟主教练路易斯·费尔南德斯也产生矛盾，后者对他沉迷于夜生活极为不满，也时常抱怨他每次回巴西度假从不按时归来。

在对罗纳尔迪尼奥如何使用问题上，路易斯·费尔南德斯也犹豫不决，有时让他打二前锋，有时让他打组织者和助攻者，有时让打他左边锋，有时又让他打右边锋。在巴黎圣日耳曼，罗纳尔迪尼奥在场上没有绝对的自由，他不能随心所欲地创造和发挥。

尽管遇到种种困难，罗纳尔迪尼奥还是一一克服了。到了2002年上半年，他已

经适应了法甲和巴黎的生活。打世界杯是每个足球球员最崇高的理想，韩日世界杯已经临近，他想得到斯科拉里的征召，拿到一张去韩日的机票。有这个莫大的激励因素，2002年上半年，罗纳尔迪尼奥踢得相当卖力，因而也踢得相当精彩。

2002年2月，罗纳尔迪尼奥还高票当选法甲月度最佳球员。虽属初来乍到，但2001/2002赛季，罗纳尔迪尼奥却成为巴黎圣日耳曼队内头号射手。关于罗纳尔迪尼奥和他在巴黎圣日耳曼的进球，还流传着一个故事。那个故事是真的，曾得到他本人的亲口证实。

那个故事与伊朗鱼子酱有关。法国人爱吃鱼子酱，可在一次宴席上，巴黎圣日耳曼俱乐部主席劳伦特·佩佩雷发现罗纳尔迪尼奥不碰鱼子酱。巴西人哪里吃过鱼子酱呀？罗纳尔迪尼奥不敢碰餐桌上那看上去怪怪的食品也可以理解。

主席劝罗纳尔迪尼奥尝一尝，他吃了一口。主席问他喜不喜欢，他回答说喜欢。主席的兴致很高，他跟罗纳尔迪尼奥打赌，罗纳尔迪尼奥每进一球，他就会送给他一公斤伊朗鱼子酱。

罗纳尔迪尼奥问他："助攻不算吗？"主席回答说："助攻不算。"罗纳尔迪尼奥接受了挑战，不过他向主席解释道，他不是个射手，他在场上的最大作用是传球。

尽管不是天生的射手，在法甲的第一赛季，罗纳尔迪尼奥还是打进13球，成为巴黎圣日耳曼队内头号射手。那个赛季，他在法甲赛场打进9球，在法国联赛杯上进了两球，在欧联杯上进了两球。

03.

兄弟聚首法甲却没交过手

2001年7月，阿西斯加盟法甲蒙彼利埃。弟弟小时候沾了哥哥不少光，不知道"前球员"阿西斯能到蒙彼利埃踢球是不是沾了弟弟罗纳尔迪尼奥的光？

"阳光之城"蒙彼利埃位于法国南部地中海沿岸，而弟弟所在的首都巴黎位于法国北部，两地相距750公里。不过，由于法国交通方便，一有机会，兄弟俩就会聚到一起。

打架亲兄弟，上阵父子兵。哥哥阿西斯比弟弟罗纳尔迪尼奥大9岁，非正式比赛，踢着玩儿的比赛，兄弟二人肯定在一起踢过，大多数情况下是做队友，有时候也做过对手。但一同去法甲之前，兄弟俩从未有过在正式比赛中做队友或对手的机会。都在法甲踢球，哥哥在蒙彼利埃，弟弟在巴黎圣日耳曼，这一次两个人该碰上了吧？

遗憾的是，兄弟俩仍没能交手。2001年9月21日，法甲第8轮，巴黎圣日耳曼主场迎战蒙彼利埃。阿西斯赛前说："如果在场上能跟我弟弟面对面，我会非常快乐，那将是我俩第一次在正式比赛中交手。"

可是在加盟蒙彼利埃之前，阿西斯已经9个月没打过比赛。他最近一次上场是在2000年10月22日，巴甲联赛科林蒂安主场对弗卢米嫩塞。那场比赛，科林蒂安1比3告负，阿西斯替补上场踢了35分钟。

因此，尽管法甲第6轮和第7轮两次替补上场，分别打了4分钟和15分钟，但阿西斯的身体还没有完全恢复。客场对巴黎圣日耳曼，阿西斯连比赛大名单都没进。弟

弟则是首发出场，打了79分钟。那场比赛，两队0比0战平。

2002年2月2日，法甲第24轮，巴黎圣日耳曼客场挑战蒙彼利埃。几个月过后，罗纳尔迪尼奥已经适应了法甲，在巴黎圣日耳曼站稳了脚跟。客场对蒙彼利埃，他打满全场90分钟。

自客场对阵巴黎圣日耳曼起，阿西斯一直在养伤。2月2日一战，比上一次跟弟弟球队交手时强一些，阿西斯至少坐上了替补席。可最终他还是没能上场，没能了却与弟弟在正式比赛上交手的心愿。

很有趣的是，哥哥和弟弟的球队两次交手，比分都是0比0。两个0比0平局也成全了兄弟二人。手足情深，谁赢了谁都不好，打成平手最适宜。

为蒙彼利埃，阿西斯一个赛季只上场9次，且一球未进。2002年5月，2001/2002法甲赛季结束，再踢下去也没意思了，31岁的阿西斯选择挂靴。

阿西斯做出退役决定，一方面是因为他越来越感到力不从心，另一方面也是为弟弟着想。弟弟需要人照顾，作为哥哥，阿西斯觉得他责无旁贷。

阿西斯本也有巨星的潜质，但由于1991年的那次伤病，他未能再上层楼。随着时间的推移，弟弟罗纳尔迪尼奥球踢得越来越好，声名鹊起，日后又达到独步天下的高度，阿西斯只能生活在弟弟的影子里了。

早先，外人提到罗纳尔迪尼奥时，都说他是阿西斯的弟弟。到了后来，人们提到阿西斯，则要强调一句他是罗纳尔迪尼奥的哥哥。

但莫雷拉兄弟很友爱，即使生活在弟弟的影子里，哥哥也从没有过怨言。更令人敬佩的是，他一直甘作弟弟的人梯、助手和管家。

2005年12月，罗纳尔迪尼奥第二次当选国际足联世界足球先生。手捧先生奖杯，他发表了获奖感言，并着重感谢了哥哥阿西斯："他是我的偶像。他经历了很多，我每走一步他都帮我。他鼓励我，让我从不放弃尝试。"

04.

一球锁定韩日机票

1999年6月，卢森博格时代，罗纳尔迪尼奥第一次入选国家队。那年6月26日，友谊赛对拉脱维亚，他身披7号黄衫首发出场，上演巴西队处子秀。同年巴拉圭美洲杯，小组首战对委内瑞拉，罗纳尔迪尼奥替补上场打进惊艳进球，但那项赛事上他只是替补。同年墨西哥联合会杯，罗纳尔多和里瓦尔多等大将缺阵，他才打上主力，但巴西队屈居亚军。

自那以后，卢森博格对罗纳尔迪尼奥愈加赏识。联合会杯后的三场比赛，卢森博格让他跟罗纳尔多、里瓦尔多和泽·罗伯托在进攻端搭档。2000年几场世预赛，卢森博格也一直给他机会。罗纳尔多膝伤手术后长期缺阵，他一度跟"独狼"罗马里奥在锋线上搭档。

2000年9月3日，南美区世预赛，巴西队主场5比0大胜玻利维亚。但那一战过后，卢森博格遭巴西足协解职。赏识自己的人走后，罗纳尔迪尼奥也因悉尼奥运会上表现不佳而受到冷落，巴西队两位临时主帅都不招他。

只是到了2001年3月3日对美国友谊赛，新帅莱昂执教巴西队打的第一战，罗纳尔迪尼奥才时隔半年重返国家队。3月7日对墨西哥友谊赛以及3月28日对厄瓜多尔世预赛，他也是首发出场，跟罗马里奥在锋线上搭档。不过，自那以后，身陷转会纠纷打不上比赛，他再未得到莱昂的征召。

2001年联合会杯，巴西队小组赛1胜2平，对加拿大和日本都是0比0互交白卷儿。6月7日半决赛，桑巴军团1比2输给法国。6月9日三四名争夺战，在韩国蔚山文

殊球场，巴西队又0比1负于澳大利亚。两国交锋史上，那是巴西队首次输球，因而是历史性的。

　　在东京成田机场转机回国时，莱昂被"就地"解职。由于7月1日就有对乌拉圭的世预赛，当时执教克鲁塞罗的斯科拉里火速走马上任。那场比赛和随后的哥伦比亚美洲杯，大菲尔都没招"待业"的罗纳尔迪尼奥。他10月份才重回巴西队，11月14日世预赛对委内瑞拉，在大局已定的情况下，他才身披18号战袍再度为国披挂上阵。

　　2002年1月31日，开年第一战，主场对玻利维亚友谊赛，斯氏巴西队6比0大胜。2月6日在利雅得，友谊赛对阵沙特，巴西队1比0小胜。对玻利维亚，斯科拉里征召了18名本土球员。对沙特，他只补招了罗纳尔多一名海外球员。但由于伤病原因，罗纳尔多未能勤王，斯科拉里临时改招了西甲拉科鲁尼亚中场德贾明哈。

　　直到3月27日，那年第一个国际足联比赛日，友谊赛对南斯拉夫，罗纳尔多才第一次为斯科拉里巴西队上场，他上一次为国出战要追溯到1999年10月9日友谊赛对荷兰。

　　对南斯拉夫一战，罗纳尔迪尼奥在斯科拉里巴西队第二次上阵，第一次首发。为了帮助久疏战阵的罗纳尔多找回比赛节奏，斯科拉里让他打满全场，而罗纳尔迪尼奥踢了80分钟后被换下。

　　由于里瓦尔多因伤缺阵，对南斯拉夫一战，罗纳尔迪尼奥第一次在巴西队穿上了10号黄衫。在那之前，在国家队，他已穿过7号、11号、17号、18号、19号和21号球衣。

　　4月17日，友谊赛客场对葡萄牙，日后在韩日世界杯上所向披靡的"巴西3R"组合才第一次在斯科拉里手下聚齐。那场比赛，罗纳尔迪尼奥改穿11号，罗纳尔多9号，里瓦尔多10号。

　　不过，尽管"巴西三R"悉数上阵，巴西队只与葡萄牙队1比1战平。在落后形势下为巴西队扳平比分的正是罗纳尔迪尼奥。正是凭借那个进球，他才赢得了飞往韩日打世界杯的机票。

05.

"巴西3R"方案在吉隆坡敲定

2002年5月6日，"揭榜"的日子到了。斯科拉里公布韩日世界杯巴西队23人名单，巴西国内呼声极高、巴西总统恩里克·卡多佐和巴西足协主席特谢拉都为之游说的"独狼"罗马里奥名落孙山，而罗纳尔迪尼奥却榜上有名。

第一年到国外踢球，罗纳尔迪尼奥很想家，尤其想妈妈。5月4日打完法甲最后一轮，他就火急火燎地飞回巴西。在老家阿雷格里港，罗纳尔迪尼奥跟家人坐在电视机前观看了斯科拉里公布巴西队名单的发布会。对自己能否参加世界杯心里没底儿，在听到斯科拉里念他的名字前，他显得很紧张、很急切。

姐姐戴西爆料说："好几天了，他一直很急切。当最终获得征召时，他高兴得叫了起来。"接受媒体采访，罗纳尔迪尼奥的兴奋溢于言表："这回我可以实现我儿时的梦想了，我相信我们能带回世界杯第五冠。"

5月12日，巴西队踏上世界杯征程。从国内出发时，除了教练组和本土球员，罗纳尔多、罗纳尔迪尼奥和当时效力法甲里昂的埃德米尔森等三名海外球员也随大队人马一起走，其他海外球员则直接在欧洲与球队会合。

巴西队的第一站是巴塞罗那。5月16日，友谊赛对西班牙人B队，巴西队5比0取胜。后来的"巴西3R"中，罗纳尔迪尼奥梅开二度，罗纳尔多交了白卷儿，里瓦尔多因伤没上场。

5月18日，友谊赛对加泰罗尼亚联队，巴西队3比1赢球，罗纳尔迪尼奥再次梅开二度。那场比赛，里瓦尔多又因伤上不了场，10号球衣再一次穿在罗纳尔迪尼奥

身上。

5月25日在吉隆坡，友谊赛对马来西亚，里瓦尔多终于回归，"巴西3R"在韩日世界杯前最后一战终于又团圆了。巴西队4比0大胜，罗纳尔多首开纪录。他上一次为巴西队进球要追溯到1999年9月7日对阿根廷一战，两个进球隔了两年零8个月时间。

在韩日世界杯之前，在斯科拉里巴西队，罗纳尔迪尼奥仅打了6场比赛，其中5次首发，为什么大菲尔就敢在韩日世界杯上让他打绝对主力，让他跟罗纳尔多和里瓦尔多组成"巴西3R"进攻三叉戟？

最主要的一点，是罗纳尔迪尼奥踢得好。对葡萄牙打进巴西队唯一进球，对西班牙人B队和加泰罗尼亚均梅开二度，3战打进5球。对马来西亚，罗纳尔多首开纪录，那次进攻也是由罗纳尔迪尼奥发动。

从那场比赛可以看出，在罗纳尔多、里瓦尔多和罗纳尔迪尼奥之间存在着奇妙的"化学反应"。那一战坚定了斯科拉里在世界杯上使用"巴西3R"的决心。而"巴西3R"也没辜负大菲尔的信任，率巴西队一路全胜，为巴西拿到了世界杯第五冠，而他们三人也携手入选那届世界杯的最佳阵容。

韩日世界杯上，由里瓦尔多（左）、罗纳尔多（中）和罗纳尔迪尼奥组成的"巴西三R"组合大放异彩。

06.

风头被另外两R抢走

实际上，对斯科拉里领军的这支巴西队，外界不太看好，甚至可以说根本不看好，没人敢想象他们能在韩日世界杯上夺冠。

韩日世界杯南美区预选赛，将近两年的时间，区区18场比赛，巴西队经历了卢森博格、莱昂和斯科拉里三任正式主帅，那还不算坎迪尼奥和佩德罗·桑蒂利两位临时各执教一场的代理主教练。

最后一轮3比0胜弱旅委内瑞拉，四星巴西队才确保了直接参加韩日世界杯的门票。第一次执教国家队，大菲尔2001年6月才走马上任。要到韩日世界杯期间，他执教才满一年。世界杯开始时，他只带队打了19场比赛。

斯科拉里押宝"巴西3R"，但他们的情况不容乐观。两届世界足球先生罗纳尔多自1999年11月起就伤病不断，而且都是重伤。2001/2002赛季，他才重返赛场，断断续续地为国际米兰打了16场比赛，进了7个球。

里瓦尔多1999年当选世界足球先生，但他一直被巴西人视为"俱乐部球员"，在巴萨表现出色，但一到巴西队就暗淡无光。雪上加霜的是，韩日世界杯前，里瓦尔多也饱受伤病困扰。

韩日世界杯上，罗纳尔迪尼奥身穿11号战袍。虽然2001年长达数月没打比赛，但他毕竟年轻，只有22岁，而且无伤无病。因此，巴西国内不少人看好他，认为他是巴西队在韩日世界杯上的希望所在。

但世界杯真正开始时，巴西队还得靠经验更为丰富的罗纳尔多和里瓦尔多赢得

韩日世界杯上，罗纳尔迪尼奥身上散发着最浓的桑巴韵味。

比赛。6月3日小组赛首战土耳其，巴西队先失一球，靠罗纳尔多的进球和里瓦尔多的点球才艰难逆转比分。

6月8日战中国，两队史上第一次交锋，巴西队4比0大胜。比赛进行到第15分钟，左后卫罗伯特·卡洛斯任意球首开纪录。第32分钟，罗纳尔迪尼奥左路传中，助里瓦尔多将比分改写成2比0。第45分钟，罗纳尔迪尼奥左路妙传，罗纳尔多禁区内突破被拉倒。"外星人"把罚点球机会拱手相让，罗纳尔迪尼奥打进个人世界杯第一球。第55分钟，队长卡福突入禁区传中门前，罗纳尔多要做的只是轻推皮球入网。

对中国一战，罗纳尔迪尼奥终于找到了世界杯的节奏。可比赛刚刚进行到第25分钟，他就吃到一张黄牌。不过，那张黄牌他吃得冤。当时，中国中卫杜威将他拉倒在地，可主裁判却认为他假摔，向他出示了黄牌。比赛录像显示，他确实被犯规了。

对中国一战，罗纳尔迪尼奥只打了45分钟。小组赛两战两胜，巴西队已提前锁定C组一个出线名额。6月13日小组末战对哥斯达黎加，怕罗纳尔迪尼奥再吃到黄牌，1/8决赛遭停赛，斯科拉里没让他出战。

对哥斯达黎加，巴西队5比2大胜，罗纳尔多梅开二度，中卫埃德米尔森打进第3球，里瓦尔多和左后卫儒尼奥尔各进一球。小组三战过后，罗纳尔多进4球，里瓦尔多进3球，罗纳尔迪尼奥只进1球，而且还缺席了一场比赛。

1/8决赛对比利时，里瓦尔多和罗纳尔多建功，巴西队2比0取胜，但比赛过程绝对不像比分所反映的那样轻松。在场上，罗纳尔迪尼奥表现得非常活跃。第67分钟，他右路妙传里瓦尔多，助巴西队10号首开纪录。

第一次参加世界杯，罗纳尔迪尼奥感觉到了巨大的压力，那压力来自球迷和媒体，也来自他自己。在巨大的责任面前，他有点缩头了，前四战没能完全发挥出自己的水平。在斯科拉里巴西队，罗纳尔多和里瓦尔多是主角，罗纳尔迪尼奥只是配角。

07.

最重要比赛+最漂亮进球

　　职业生涯，罗纳尔迪尼奥打过无数场比赛，进过无数个球，但最令他难忘的还是2002年韩日世界杯1/4决赛对英格兰一战以及那场比赛中他打进的那脚世界波任意球吊射。

　　那场比赛是罗纳尔迪尼奥职业生涯经典战役。第24分钟，巴西中后卫卢西奥停球失误，英格兰金童欧文首开纪录。上半场伤停补时阶段，巴西后腰克莱伯森抢在"万人迷"贝克汉姆之前铲断成功。得球后，罗纳尔迪尼奥从本方半场带起，中路突破吸引对方数名球员，摆脱防守后用右脚外侧将球分到禁区右路，里瓦尔多左脚斜射扳平比分。

　　第50分钟，英格兰中场斯科尔斯对克莱伯森犯规，巴西队获得前场右路的一个任意球机会，罗纳尔迪尼奥

罗纳尔迪尼奥的那脚抽屉球太刁钻，希曼始料未及，只能望球兴叹。

主罚。罚球点距离球门30米，所有人，包括巴西队友和英格兰球员，都以为他会将球传入禁区中央。可罗纳尔迪尼奥却有神来之笔，看到英格兰门将希曼站位靠前，他右脚远程吊射，皮球划出一道优美弧线，飞进英格兰大门左上角。

在巴西葡萄牙语里，那样的进球叫抽屉球。打进漂亮的抽屉球后，罗纳尔迪尼奥跑到场边的电视摄像机前，先是挥舞了一下自己的右臂，然后用双手揪起自己球衣的前襟，不停地狠劲儿扯动着。那意思是："大家好好看看，打进那么漂亮进球的人是我，是11号。"

罗纳尔迪尼奥那一脚到底是有意为之还是传中没传好的误打误撞？罗纳尔迪尼奥赛后的说法是他想射门："我就是想射门，我没想过皮球会进那个角度，但我就是想让皮球越过门将。卡福跟我说过，希曼习惯站位靠前。踢任意球时，卡福对我

比赛进行到第57分钟，打进逆转任意球7分钟后，罗纳尔迪尼奥就因犯规被红牌直接罚下场。

说：'你看门将（的站位）。'当时距离球门有点远，准备停当之后，我决定来个出其不意。"

多年之后，2013年5月，接受巴西环球电视台"精彩体育"节目专访，罗纳尔迪尼奥再次谈到了他生命中那个最重要、最精彩的进球。他说："我就是想射门，但我当时没想过它正好飞进那个角度。感谢上帝，它飞进了球门那个角。"

冰火两重天。对英格兰一役，罗纳尔迪尼奥拯救了巴西队，报了当年在巴西U15输给欧文之仇。可7分钟后，他却被红牌直接罚下场。在前场反抢时，罗纳尔迪尼奥蹬踏英格兰2号右后卫米尔斯，被墨西哥主裁判拉莫斯·里索出示红牌。

裁判的判罚太过严厉，令罗纳尔迪尼奥难以置信，与主裁判争辩之后他才无奈下场。赛后，巴西队11号为自己辩解："那是一个再正常不过的动作，之后在做尿

检时，我碰到了米尔斯，就连他也说不至于判罚得那样严厉。之前一次拼抢，米尔斯碰到了我。（吃红牌）那个动作，我的本意是保护我自己，而非踢伤他。出于自我保护的目的，我把脚抬起来一点，最终碰到了他。我不是想以牙还牙，我只想保护自己。"

据罗纳尔迪尼奥本人说，实际上那是他职业生涯第一次吃到红牌。"我觉得这是我作为职业球员第一次被红牌罚下，另一次被红牌罚下时，我还在青年队踢球。另外那次吃红牌，是因为我抱怨，或者类似的东西。"

巴西队主教练斯科拉里也为弟子鸣不平："不至于把他罚下去，裁判太严厉了。"由于对英格兰吃到红牌，罗纳尔迪尼奥无缘6月26日与土耳其的半决赛。那场比赛，斯科拉里又派前锋埃迪尔森顶替他上场。

好在同名的罗纳尔多再显神威，巴西队1比0击败土耳其后挺进决赛，对手是德国队。6月30日在横滨国际综合竞技场，巴西人根本没给德国人任何机会。罗纳尔多两剑封喉，巴西队史上第五次捧起了世界杯。

2002年韩日世界杯上，罗纳尔迪尼奥给人留下最深刻印象的一战就是1/4决赛对英格兰。多年后，罗纳尔迪尼奥本人也说那场比赛是他的"生命之战"。

他说："对我而言，那届世界杯上的所有比赛都令人难以置信。不过，只要我活着，我就永远也不会忘记对英格兰那场比赛。之所以难忘，是因为在那场比赛中，所有能发生的事情都发生了，那场比赛真的很美。"

08.

是传？是射？十年后仍有争议！

罗纳尔迪尼奥对英格兰的那脚任意球破门，他的本意到底是传中还是吊门？他自己说是射门，但不少人有异议。当年的对手们说他运气好，就连他的一些队友也说，他当时其实是想传中。不过，罗纳尔迪尼奥本人一直坚持吊门说。

对英格兰的一球是2002年6月21日打进，2012年6月21日，整整十年过后，罗纳尔迪尼奥接受了巴西"环球体育"网站的采访。为纪念2002年世界杯夺冠十周年，"环球体育"做了"五冠十年"系列报道，其中一个版块叫"我难忘的比赛"。

罗纳尔迪尼奥说："我说不好到底有多少人问过我了。我只知道有数不清的人问过我，肯定超过了一千次。我的回答总是同样的：我想射门。我和卡福总是跟罗热里奥·塞尼以及另两位门将一起讨论，一起练习。但在比赛中，跟我在一起，也站在球旁的是卡福。我想射向球门，当然了，我不敢想象皮球会正好飞进它所进的那个角度，但是我想把球踢进球门。"

罗纳尔迪尼奥当年的五冠队友、斯科拉里巴西队中卫埃德米尔森却有异议。"我没看到罗纳尔迪尼奥踢任意球的那一刻，我只看到他进球后庆祝那一刻，因为当时我在安排后防线。不过，后来我在电视上看到了。我觉得他当时想传中，正巧赶上（对方）门将站位差。"

五冠巴西队替补右后卫贝莱蒂却说罗纳尔迪尼奥那个世界波进球并非歪打正着。"当罗纳尔迪尼奥上前主罚那个任意球时，卡福走到他跟前，嘱咐他把球踢向球门，因为（对方）门将提前出来了。我们那些坐在替补席的替补球员听到卡福跟

他那样说了。现在，如果让他再试一下，他踢不进去。那是那样的任意球，你踢十次，只有一次能进。"

右后卫卡福当年是巴西队队长，接受"环球体育"网站采访，他证实罗纳尔迪尼奥罚任意球前，他确实对他面授机宜。"当然是故意那样踢的了。我只说了（对方）门将习惯性站位靠前，但把皮球踢进球门的能力都是属于他的。所有功绩都是他的。赛后，他感谢了我，说：'谢谢你，队长！'"

不过，英格兰球员大多认为，罗纳尔迪尼奥能打进那个球纯粹是因为运气好。右后卫米尔斯说："比赛结束后，我跟里奥·费迪南德去接受尿检，我们碰到了一脸幸福的卡福和罗纳尔迪尼奥。我们谈到了那个运气球，是它改变了比赛。对我们来说，很伤心。我不觉得他是想射门。当我们抬眼看时，皮球已经在希曼身后往下落，他已经无能为力了。我相信，即使让罗纳尔迪尼奥再尝试无数次，他也打不进那样的进球。"

2018年3月25日，参加ESPN巴西电视台"集萃"节目，已经正式宣布挂靴的罗纳尔迪尼奥再次谈到当年对英格兰一战的任意球破门。

"我当时是射门，但不是想把球踢到它（最终）进的地方。可是感谢上帝，它去了（那个地方）。我本想把它踢到前门柱，可它拐了一个弯，骗过了希曼。我的本意是踢向球门，但不是想让它落到那里（后门柱和横梁夹角处）。"

罗纳尔迪尼奥还透露说，因为被红牌罚下场，他是在尿检室里才知道巴西队赢了球，而在那之前，他非常紧张，害怕因为自己的莽撞导致巴西队落败。

他说："我被抽中进行尿检，他们已经把我直接带到了尿检室。我后来才知道比赛结果，当我看到医生时才知道。我终于放下心了。你们可以想象一下，如果因为我的被罚下，巴西队被淘汰，后果会是怎样？"

2019年2月，接受媒体采访，直接当事人之一的希曼回忆了将近17年前的那个失球。他认为，罗纳尔迪尼奥能打进那个球是出于运气，另一方面，他和英格兰队对罗纳尔迪尼奥的能力也估计不足。

希曼说："那是运气。当时我们知道罗纳尔迪尼奥到底有多棒吗？实际上，不

知道。我们曾听人说起过他，但是，只有当你看到某个人在场上的表现时，你才会明白他到底有多好。他很棒。"

希曼说，将近17年过后，他已经记不清罗纳尔迪尼奥进球的全过程。他也说不准罗纳尔迪尼奥当时的本意是射门，还是本想传中，却歪打正着进了球。不过，他承认，那个失球，他有责任。

他说："人们问我：他是有意为之吗？但这一点对我不重要。那是一脚距离球门差不多40米远的射门，因此那是守门员的失误。刚开始时，我以为他是传中。我出击了，但却不得不马上往回退。"

09.

他只决定了那一场比赛？

对于罗纳尔迪尼奥，巴西人曾经喜爱有加，那是在他无比风光的时候。可是两度加冕世界足球先生之后，罗纳尔迪尼奥没能把巅峰状态保持太久，他很快就走上了迅速下滑的轨道。墙倒众人推，破鼓万人捶，恨他不争气，巴西国内有人就抛出这样一种说法：别看罗纳尔迪尼奥看似不得了，但其实他不是一个大场面球员，不是一个关键先生，职业生涯，他只决定了一场比赛，那就是2002年韩日世界杯巴西对英格兰一战。

这种说法太无视事实，是对罗纳尔迪尼奥的不尊重，也对他不公平。但任何说法，如果不是完全谬误，不是完全颠倒黑白，它还是有一定道理的。说罗纳尔迪尼奥职业生涯只在那一战决定了比赛有失偏颇，但说在世界杯上，他只决定了那场比赛的走向，这倒是接近于真实的。

职业生涯，罗纳尔迪尼奥只打过两届世界杯。韩日世界杯，巴西队7战7捷夺冠。罗纳尔多7战8球，只一战没进球，穿走赛事金靴。里瓦尔多前5战都有进球，7战总共打进5球，在射手榜上与德国前锋克洛泽并列第二。

7次上阵，尽管是伤愈初归，罗纳尔多仍3次打满90分钟。7次上场，里瓦尔多则6次打满全场。2017年6月，韩日世界杯夺冠15周年，接受ESPN巴西电视台采访，斯科拉里曾说，在当年那支巴西队中，从战术层面来讲，里瓦尔多是最重要的球员。

反观罗纳尔迪尼奥，韩日世界杯5次上场，却没一场打满。小组首战对土耳其，他打了67分钟。次战对中国，他打了45分钟。1/8决赛对比利时，他踢了81分钟。1/4

决赛对英格兰，他第57分钟被罚下。决赛对德国，他也只打了85分钟，而那是他出战时间最长的一役。

　　韩日世界杯上，罗纳尔迪尼奥跟罗纳尔多和里瓦尔多一起入选最佳阵容，但他的表现无法跟那两人相提并论。不过，5战2球3助攻，对于头一次打世界杯的22岁新人来说，那已经是很不错的答卷了。

　　2006年德国世界杯，巴西队在1/4决赛上遭法国队淘汰，总共打了5场比赛。那届世界杯上，罗纳尔迪尼奥状态低迷，表现不佳。不过，因他的地位和身份，巴西队的5战，他4战打满全场。只是小组第三战对日本，在本方3比1领先的情况下，他才于第71分钟被换下场。

　　那场比赛，日本队率先破门。罗纳尔多打进个人德国世界杯首球，扳平了比

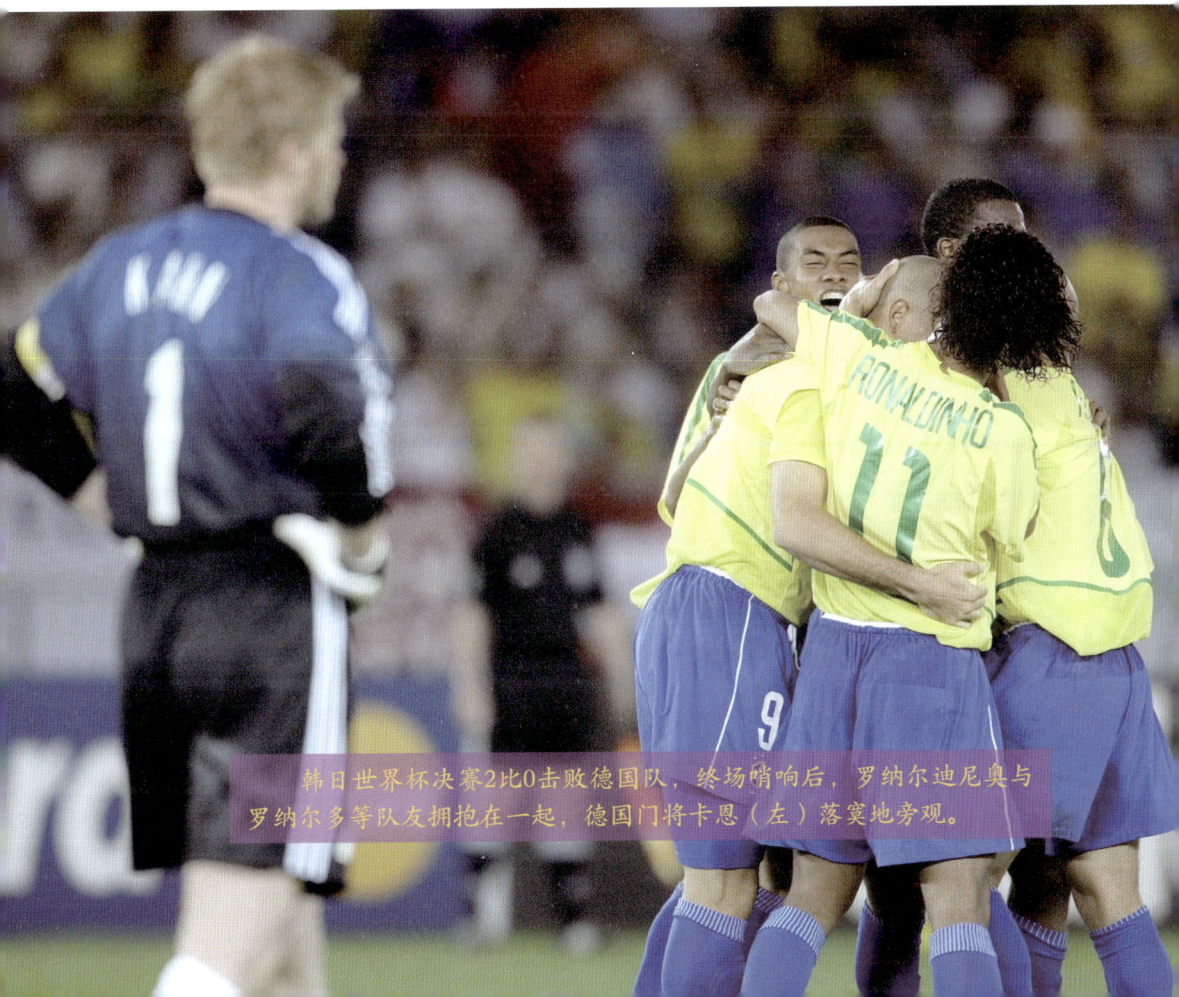

韩日世界杯决赛2比0击败德国队，终场哨响后，罗纳尔迪尼奥与罗纳尔多等队友拥抱在一起，德国门将卡恩（左）落寞地旁观。

韩日世界杯决赛，巴西队2比0击败德国队。赛后，罗纳尔迪尼奥（右）和罗纳尔多（左）拥抱庆祝。

分。小儒尼尼奥禁区外远射，将比分改写成2比1。第59分钟，巴西队反击，罗纳尔迪尼奥中圈处直塞，助攻左后卫吉尔伯托打进巴西队第三球。

可那届世界杯上，罗纳尔迪尼奥一球未进，只有可怜的一次助攻，那与他世界足球先生的身份不符。两届世界杯，他总共打了10场比赛，只在对英格兰一战中决定了比赛，这一点确凿无疑。

10.

离开巴黎去巴萨

2002年世界杯后，"巴西3R"中的罗纳尔多和里瓦尔多都换了东家。罗纳尔多离开国际米兰，去了心仪的皇马。里瓦尔多告别踢得不开心的巴萨，去了意甲豪门米兰。只有罗纳尔迪尼奥韩日世界杯后没动窝儿，2003年夏天，他才换了地方，离开巴黎圣日耳曼，去了西甲豪门巴塞罗那。

在巴黎圣日耳曼，罗纳尔迪尼奥待了短短的两个赛季，总共打了77场比赛，进了25个球。相比首赛季的40战13球10助攻，他在2002/2003赛季的发挥也不差。37次出场，他打进12球，另有8次助攻。

唯一的遗憾是，在巴黎圣日耳曼的两个赛季，罗纳尔迪尼奥没能帮助球队拿到冠军。要说一项冠军都没拿到，那也是瞎话。2001年，巴黎圣日耳曼拿到欧足联国际托托杯和在西班牙比利亚雷亚尔举行的陶器杯冠军。但那两项赛事都不是正式比赛，属于邀请赛性质。

不过，在法甲的两个赛季，罗纳尔迪尼奥进步和成熟了，为他之后在巴塞罗那的大红大紫奠定了坚实的基础。回首法甲两年，罗纳尔迪尼奥的评价很中肯："尽管一个冠军也没拿到，但我学到了很多东西，尤其是在战术层面，因为这里的防守比巴西的更严厉。或许我本可以进更多的球，但也要有耐心。令我满意的是我对欧洲足球的适应。像所有人预期的那样，我适应得很快，没费多长时间，也不是很难。"

只在法甲踢了两年，法国人却没忘记罗纳尔迪尼奥。2015年3月24日，《法国足球》杂志评选出2000年之后效力法甲的十名最佳巴西球员。位居榜首的是前里昂

中场小儒尼尼奥，他和球队连续七年赢得法甲冠军。排名第二的是中卫克里斯，在里昂他绰号"警察"，任务是"维持秩序"，他帮助球队四获法甲冠军、两夺法国杯。第三的是外号"怪物"的蒂亚戈·席尔瓦，尽管他2012年才到巴黎圣日耳曼，发挥也有起伏，但他被视为法甲乃至世界最佳中卫。55场法甲打进17球奉献14次助攻，罗纳尔迪尼奥排名第四。

2017年1月，罗纳尔迪尼奥故地重游，拜访了巴黎圣日耳曼俱乐部。接受俱乐部官网专访，他感谢了巴黎圣日耳曼，也谈到了当年在法甲的经历。

他说："对我而言，巴黎是一家特殊的俱乐部。我是在这里开启了欧陆征程，我非常喜爱和尊重这家俱乐部。回到一切开始的地方，这对我来说是个特别的时刻。当年刚到这里时不容易，因为我四五个月不能打比赛。那是困难的时刻。不过，当我开始打比赛时，一切都改变了。我跟我的队友们学到很多东西，球迷们也喜爱我，这对我非常重要。唯一的遗憾是在法国没拿过冠军，当年在法国时，这是我感觉最缺失的。2003年，我们杀进法国杯决赛，可却输给了欧塞尔。咽下那次失利，真的非常难。"

不过，罗纳尔迪尼奥留给法国和巴黎的也不都是好印象。他当年的队友、法国中场杰罗梅·勒鲁瓦就揭了他的短儿："一星期里，罗纳尔迪尼奥平常日子不来训练。周五的时候，他直接来报到，准备周六上场。他当年就是那个样子。我觉得他是想学罗马里奥，罗马里奥晚上也出去，可他没取得罗马里奥那样的成功。早晨，他来的时候总是戴着太阳镜，直接就躺倒在按摩床上睡大觉。有他那样天赋的球员都有一点像疯子，他们自己也无法解释他们究竟干了什么。"

第五部分
巴萨岁月 & 德国世界杯
（2003-2008）

01.

转会多角关系：他差点儿去曼联或皇马

罗纳尔迪尼奥差点儿没去成巴萨，而是去曼联或皇马。

2003年夏天，巴萨的首选目标是贝克汉姆。那年6月，巴萨俱乐部主席竞选人霍安·拉波尔塔发表声明，说他会把曼联中场球星贝克汉姆带到诺坎普。皇马主席弗洛伦蒂诺·佩雷斯打造出"银河舰队"，巴萨想借助"万人迷"的名气来加以抗衡。

巴萨主席选举6月15日举行，6月10日，曼联俱乐部发表声明说，若拉波尔塔当选，它同意把贝克汉姆卖给巴萨。这样的表态对拉波尔塔竞选有帮助，但贝克汉姆却说，他对自己沦为巴萨主席选举"政治游戏中的一枚棋子"感到遗憾。

巴萨主席竞选，拉波尔塔并非获胜热门。可是，他精心炮制了"贝克汉姆诱饵"，那为他争取到了足够的选票。正是由于贝克汉姆效应，拉波尔塔才最终赢得了巴萨主席选举。

可贝克汉姆不会去巴萨。拉波尔塔买进贝克汉姆的承诺是一张空头支票，它兑现不了。实际上，英格兰队长早已收到皇马的报价。"万人迷"有着巨大的市场号召力，皇马岂肯坐视他投奔死对头？

6月17日，贝克汉姆转会皇马一事官宣。被皇马截和，无奈之下，拉波尔塔只能去转会市场淘宝，他相中了罗纳尔迪尼奥。

罗纳尔迪尼奥比贝克汉姆年轻，技术比"万人迷"好。但他的劣势也非常明显：他长得丑，个人魅力远不如"万人迷"，他更不如小贝有名气和市场号召力。

盯上的贝克汉姆被死敌抢走，巴萨球迷很失落。对于罗纳尔迪尼奥，他们只是

勉强接受。谁都没想到的是，搞不到贝克汉姆买来罗纳尔迪尼奥，事后证明是笔成功的转会案。

实际上，没抢到贝克汉姆，巴萨险些连罗纳尔迪尼奥也搞不到。买进贝克汉姆之后，皇马还打算买进罗纳尔迪尼奥，弗洛伦蒂诺甚至去巴黎跟他面谈。

皇马报价3500万欧元，但或许是因为手头紧，或许是因为没有非欧盟球员名额，它不想2003年夏天就带走罗纳尔迪尼奥。皇马提出先预付1/3款项，2004年夏天再带人走。当时，巴黎圣日耳曼主席已换成了弗朗西斯·格莱勒，他要价4500万欧元。于是，皇马跟巴黎谈崩了。

在法甲待了两年，自觉提升空间已不大，梦想去一个更大的舞台，跟主教练路易斯·费尔南德斯生了龃龉，踢得有点不开心，罗纳尔迪尼奥想在2003年夏天离开巴黎。

皇马出局，爱慕者还有曼联。以3750万欧元把贝克汉姆卖给皇马，曼联口袋里有了一大笔钱。钱装在口袋里会贬值，"万人迷"走了，英超豪门想补强自己的中场，它看中的目标正是罗纳尔迪尼奥。

如果罗纳尔迪尼奥成功加盟，他将是曼联史上第一位巴西球员。不过，英超红魔有点抠门儿，刚开始只报价900万英镑。为了说服罗纳尔迪尼奥，曼联打出弗格森爵士那张牌。6月20日，曼联主帅跟罗纳尔迪尼奥晤谈。

最终，曼联把价格提高到2000万欧元。巴黎圣日耳曼心动了，罗纳尔迪尼奥也松口了。他甚至说："当我闭上双眼时，我的潜意识里是红色。"英超红魔接近与罗纳尔迪尼奥签约，可枝节横生，半路却杀出个巴萨来。

巴萨副主席桑德罗·罗塞尔曾任职耐克巴西公司，早在罗纳尔迪尼奥青少年时代就与莫雷拉一家认识。正是利用与莫雷拉一家的亲密关系，罗塞尔才得以劝说罗纳尔迪尼奥改投巴萨。

罗塞尔的理由很能打动罗纳尔迪尼奥：巴萨正在重建，未来它会走出低迷、东山再起，而罗纳尔迪尼奥将成为巴萨新时代的领军人物。罗塞尔的一席话说通了罗纳尔迪尼奥，他决定穿上红蓝球衫。

2003年7月19日买进罗纳尔迪尼奥，巴萨花了3225万欧元，2700万欧元给现钱。另外525万欧元属于浮动条款，视其到巴萨的表现和成绩而定，以后再给。7月21日，罗纳尔迪尼奥亮相诺坎普。

没买成罗纳尔迪尼奥，曼联也没吃亏，他们搞到了另一个罗纳尔多。用1900万欧元的低价，英超红魔从里斯本竞技买到了18岁的克里斯蒂亚诺·罗纳尔多，那就是日后大名鼎鼎的C罗。

罗纳尔迪尼奥弄不来，曼联买进了他的五冠队友、斯科拉里巴西队后腰克莱伯森，只花了860万欧元。克莱伯森成了曼联俱乐部历史上第一位巴西外援，不过红魔买他买打眼了。

实际上，2003年夏天，就连C罗也差点儿去巴萨。2016年12月接受《马卡报》采访，已成巴萨前主席的拉波尔塔透露说："我们已经签了罗纳尔迪尼奥、拉斐尔·马克斯和夸雷斯马。在整个俱乐部，我们都处于一个重建过程中。当时C罗在里斯本竞技，他还没加盟曼联。我们跟他的经纪人（若热·门德斯）在谈，他想卖给我们德科。我们说我们买不动德科了，因为我们不能再花那么多钱。他告诉我们，他手头还有一个非常好的孩子。那就是C罗。曼联签下他花了1900万欧元，但我们得到的报价是1700万欧元就能拿下他。"

罗纳尔迪尼奥在巴萨的成功，也离不开他身后的那个男人——荷兰少帅里杰卡尔德。

02.

首赛季出彩：选择巴萨是个正确决定

在中篇小说《人生》中，作家路遥在开篇处引用了陕西前辈作家柳青的一段话，第一句是这样的："人生的道路虽然漫长，但紧要处常常只有几步，特别是当人年轻的时候。"巴萨选择罗纳尔迪尼奥选对了，而罗纳尔迪尼奥选择巴萨，也是个正确的决定。

首先是语言的因素。巴西讲葡萄牙语，而葡萄牙语跟西班牙语很相近，讲葡语者和讲西语者甚至可以直接进行交流，至少是简单地交流没有问题，讲葡语者要想学西语会很容易。去曼联的话，肯定得从头开始学英语，这个语言关比西班牙语更难迈。

除了语言，由于同属拉丁语系，西班牙和南美国家的人在性格上、生活态度上、国民性上也有相近之处。拉丁语系的人都天性乐观，性格阳光，不阴郁，比较好打交道。相比拉丁语系的人，英国人更冷，更高傲，更难接触。

另一个原因则是球风的问题。相比之卜，西甲联赛更推崇技术，而英超则更讲求身体对抗。西甲打得更巧，英超打得更直接。在西班牙，巴西球员踢得成功者并不鲜见。远的不说，罗马里奥、罗纳尔多和里瓦尔多都在巴萨扬名立万。英超却是巴西球员的滑铁卢，在此之前，似乎只有一个大儒尼尼奥在米德尔斯堡踢得成功。

罗纳尔迪尼奥加盟巴萨的选择是对的，但他接手的却是一个危局，要承担的是一项艰巨重任。他加盟巴萨时，加泰罗尼亚球队正处于史上罕见的困境中。巴萨上一次西甲夺冠要追溯到1999年，那时的主教练还是荷兰人范加尔。巴萨最近一次欧冠夺冠要上溯到1992年，当时的主帅是"球圣"克鲁伊夫，也是一位荷兰人。

巴萨活在皇马的阴影下。2000年7月，弗洛伦蒂诺成为新主席，皇马开启"银河舰队"时代。两年时间，皇马买进菲戈、齐达内和罗纳尔多等巨星。再加上皇马自产的前锋劳尔和门将卡西利亚斯，以及之前加盟的巴西著名左后卫罗伯特·卡洛斯，皇马星光熠熠。

成绩上，无论在国内，还是在欧洲赛场，皇马也远好过巴萨。2000/2001和2002/2003赛季，皇马两夺西甲冠军。1997/1998、1999/2000和2001/2002赛季，皇马三拿欧冠冠军，总夺冠次数达9次之多，而巴萨仍停留在1991/1992赛季那可怜的一冠。

无论在场上，还是在场外，巴萨的光芒都被"银河舰队"所遮掩。百废待兴，被皇马压得喘不过气来，巴萨没了豪门的底气，有点灰头土脸。它需要一个新的英雄，需要一个拯救者。巴萨曾指望大卫·贝克汉姆成为救世主，但它幸运地搞到了罗纳尔迪尼奥。

2003年夏天，与罗纳尔迪尼奥一起到来的还有荷兰少帅里杰卡尔德。由于主帅与球队以及球员之间需要磨合，2003/2004赛季上半程，巴萨成绩并不佳。

即使那样，罗纳尔迪尼奥还是用快乐足球征服了红蓝球迷的心。巴萨俱乐部有个传统，它队中的球员都要成为俱乐部会员。2004年1月19日，罗纳尔迪尼奥成为巴萨会员，会员证号为11545。

在仪式上，罗纳尔迪尼奥表达了他对巴萨和红蓝球迷的爱。"每过一天，我都更巴萨一些。成为会员也是一种方式，表明我们跟会员们在一起。"

当罗纳尔迪尼奥成为会员之时，巴萨仅积28分，西甲排名第7，落后领头羊巴伦西亚16分之多。国王杯1/4决赛，巴萨还惨遭萨拉戈萨淘汰。

可那之后，巴萨显露出复兴迹象。1月25日，西甲第21轮，巴萨客场1比0小胜塞维利亚。3月21日，西甲第29轮，巴萨主场1比0小胜皇家社会。那期间，巴萨豪取西甲9连胜。

2003年12月6日，巴萨曾主场迎战皇马。那场比赛罗纳尔迪尼奥因伤缺阵，红蓝军团在诺坎普1比2败北。4月25日，罗纳尔迪尼奥的第一场西班牙国家德比，巴萨客场2比1击败对手。

后半程的巴萨很给力。若非第36轮和第38轮意外失手，客场0比1和1比2输给塞尔塔维戈和萨拉戈萨，巴萨那个赛季就能西甲夺冠。最终，巴萨积72分屈居亚军，只比冠军巴伦西亚少5分。拉科鲁尼亚71分排第三，而死对手皇马70分仅排第四。

在世界足坛，罗纳尔迪尼奥也得到越来越多的承认。为庆祝成立百年，国际足联请球王贝利拟定一份125位在世巨星名单。那份名单于2004年3月4日公布，罗纳尔迪尼奥榜上有名，与他同时上榜的有贝利、济科、罗马里奥、罗纳尔多和里瓦尔多等桑巴巨星。

贝利当年国家队队友、巴西著名足球专栏作家托斯唐折服于罗纳尔迪尼奥所踢出的漂亮足球，称赞他是足球天才，是绿茵场上的艺术家。阿根廷前辈巨星马拉多纳也非常喜欢罗纳尔迪尼奥，钦定他为自己的继承人。

马拉多纳评论道："看他踢球就像是在看表演，他是唯一一位高出其他人许多的球员，他是现时世界足坛最具天赋的球员。他在场上思考得非常快，在球来之前，他已经知道该怎么做了。"

03.

巴萨第二赛季：西甲冠军+世界足球先生

2003/2004赛季，巴萨其实是有希望夺冠的。对于西甲首个赛季错失冠军，罗纳尔迪尼奥曾不无遗憾地说："如果我们以另外一种方式开局，那个赛季的冠军是有可能的。"

巴萨没拿到冠军，却已有人觊觎罗纳尔迪尼奥。2004年4月，俄罗斯亿万富翁罗曼·阿布拉莫维奇名下的切尔西为他报价9000万欧元。巴萨主席拉波尔塔回答得很干脆："罗纳尔迪尼奥比他合同中所规定的1亿欧元解约金更重要，就算世界上所有的钱都拿来，我们也不卖他。"

巴萨俱乐部原本已改变奖励机制，拿不到冠军是没有奖金的。但为了安抚罗纳尔迪尼奥，巴萨给了他200万欧元奖金。光为罗纳尔迪尼奥破例不行，巴萨其他球员也跟着沾光，也拿到了奖金，不过金额比他的要低。

2004/2005赛季，罗纳尔迪尼奥踢得更精彩。那个赛季，巴萨时隔6年拿到西甲冠军。罗纳尔迪尼奥表现出色，最高兴的人是把他带到巴萨的俱乐部副主席罗塞尔，他把他比作是"上帝的礼物"。

那个赛季还没结束，还在2004年年底，当时还是"无冠之王"的罗纳尔迪尼奥就第一次当选国际足联世界足球先生。国际足联成立于1904年5月21日，2004年正是它百岁之年。

实际上，罗纳尔迪尼奥也入围那年的《法国足球》杂志金球奖评选。当时，该奖评奖对象是在欧洲踢球的球员，可以视为欧洲足球先生。

2004年12月20日，罗纳尔迪尼奥击败法国前锋亨利和乌克兰前锋舍甫琴科，首次当选国际足联世界足球先生。

12月13日，金球奖揭晓，米兰前锋舍甫琴科击败巴萨中场德科和罗纳尔迪尼奥当选。乌克兰"核弹头"得到175分，第二的德科139分，罗纳尔迪尼奥133分。

失之东隅，收之桑榆。10月5日，罗纳尔迪尼奥入选世界足球先生35名候选人大名单。11月29日，他击败众多好手，跻身最终三人名单，与他竞争的是法国前锋亨利和乌克兰前锋舍甫琴科。12月20日，在瑞士苏黎世，罗纳尔迪尼奥当选国际足联世界足球先生。在评选中，罗纳尔迪尼奥得到620分，阿森纳前锋拿到552分，而米兰前锋只得到253分。

国际足联世界足球先生从1991年开始评选，罗马里奥（1994年）、罗纳尔多（1996年、1997年和2002年）和里瓦尔多（1999年）此前曾当选。罗纳尔迪尼奥成为第四位当选世界足球先生的巴西球员，那强化了足球王国在该奖项上的霸权，使巴西球员当选次数增加到了六次。

无冠罗纳尔迪尼奥当选世界足球先生，在国际足坛引起了争议。他之所以当选，不是因为进了多少球，拿了多少冠军，而是因为他踢着快乐足球，是因为他漂亮的踢法。对于这一点，英国《每日电讯报》记者亨利·温特概括得非常到位。他在报道中写道："罗纳尔迪尼奥使足球微笑，让后卫们哭泣。"

巴西前辈名宿托斯唐也认为罗纳尔迪尼奥当选实至名归。"足球是世界上最受人喜爱的运动，罗纳尔迪尼奥不仅是最好的球员，他还比那更多。除了有效率，既能助攻队友，也能自己进球，罗纳尔迪尼奥还是一位艺术家，他是足球诗人。

2004年12月19日，首次当选世界足球先生前一天，在诺坎普球场，罗纳尔迪尼奥接受了巴西《圣保罗页报》特约记者萨拉赫·林克的专访。在采访中，他回答了几个很有意思的提问。

林克问罗纳尔迪尼奥为什么在巴萨比在巴西国家队踢得好，他的回答是："两件事是不同的。在巴萨，我们每星期踢两场比赛，默契程度上是不一样的。而在巴西队，我们到了之后，训练两天，然后就得打比赛。在这里（巴萨），事情自然而然地发生，它已经成了习惯性的东西。"

有人称罗纳尔迪尼奥是"过人之王"，林克问他的过人是不是事先演练好的。

他的回答是："什么东西都得练。但是，突然间，一种盘带的半个动作做出来了，另一种过人的半个动作也用上了。没有办法，在足球场上，一切都非常快。当对方后卫逼到你跟前时，你得发明创造。你用了一种过人的某个部分，但却以另一个盘带做结尾。你有三秒钟时间可以做出决定，在你脑子里就像在过电影，你就把动作做出来了。"

在场上，罗纳尔迪尼奥总爱微笑。即使失误了、失败了，下场时他还是会笑。这是为什么？

对于这个问题，罗纳尔迪尼奥回答道："我是个百分之百的乐观主义者。我心里想，如果这次不成，那下次能成。如果你因此而生气发火，那就更糟糕了。因此，最好的方式是向前看。有时候，我没在笑，但是因为我的牙齿突到外面，人们就觉得我是在笑。"

04.

致敬亡父　儿子也叫若昂

　　好事成双，第一次当选世界足球先生之后，又有喜事来敲罗纳尔迪尼奥的房门。2005年2月25日，他第一次做了父亲。1989年1月，罗纳尔迪尼奥8岁时，父亲若昂因心脏病突发死于自家泳池，享年41岁。为纪念亡父，他给儿子也起名若昂。

　　儿子的母亲雅纳伊娜·纳蒂埃里·维亚纳·门德斯是一位里约姑娘，与罗纳尔迪尼奥认识时，她在巴西环球电视台做伴舞女郎。雅纳伊娜出生于里约西部郊区的雷亚伦戈，是一个黑白混血女孩儿。

　　对于雷亚伦戈，很多人不熟悉，但那里曾发生过震惊世界的"雷亚伦戈惨案"。2011年4月7日，一位24岁的巴西青年闯入当地一所小学的教室，枪杀了12名儿童，他本人则被警察当场击毙。

　　雅纳伊娜酷爱跳舞，环球台著名节目主持人福斯托·席尔瓦有一档周日综艺节目叫"福斯唐的大周日"（Domingão do Faustão），她是该节目的伴舞女郎。

　　2002年，罗纳尔迪尼奥作为特邀嘉宾参加"福斯唐的大周日"节目，22岁的他与18岁的雅纳伊娜一见钟情。之后两人陷入热恋，一有机会就见面。为罗纳尔迪尼奥生下儿子若昂时，雅纳伊娜年方21岁。

　　罗纳尔迪尼奥做事干脆，既然是自己的儿子，那就得承认。为了纪念父亲，他给儿子起名若昂·德·阿西斯·莫雷拉。

　　2005年8月24日，胡安·甘伯杯上，巴塞罗那点球大战2比4输给尤文图斯。赛后新闻发布会上，罗纳尔迪尼奥第一次回答与儿子有关的问题。他不愿谈过多细节，

只是说儿子发育良好着呢。

2005年联合会杯，罗纳尔迪尼奥率巴西队夺冠。联合会杯后，雅纳伊娜带着半岁的儿子飞往阿雷格里港，与罗纳尔迪尼奥及其家人相聚，有点认祖归宗的意味。在阿雷格里港住了一段时间，雅纳伊娜就带儿子回了里约热内卢。

不过，据哥哥阿西斯当时透露，罗纳尔迪尼奥与雅纳伊娜的关系早就画上句号，弟弟会认自己的儿子，但不会跟雅纳伊娜结婚，也不会跟他们母子二人住到一起。

侄子降生，阿西斯也很高兴，唯一的遗憾是侄子不能归弟弟抚养。阿西斯说："他来阿雷格里港我们都很高兴，他是家庭的一分子。自从他出生那天起，他就是我们家庭的一部分，我们会永远这样对待他。唯一令我们感到遗憾的是，他住得离我们太远。"

儿子出生之后，雅纳伊娜就放弃了演艺生涯。但她坚决不放弃若昂的抚养权，一方面是因为他还太小，还离不开母亲；另一方面是因为把儿子给了莫雷拉一家之后，她与罗纳尔迪尼奥就没有丝毫瓜葛，儿子由她抚养，她可以向罗纳尔迪尼奥索要抚养费，理由很充分，也天经地义。

罗纳尔迪尼奥在欧洲踢球，儿子若昂跟母亲雅纳伊娜住在里约西区巴哈达蒂茹卡区的一所70平方米的一居室单元房里。那所房子是罗纳尔迪尼奥委托朋友为雅纳伊娜母子临时租的，房子位于一个豪华小区。

对于母子的安全，罗纳尔迪尼奥也小心在意。他为雅纳伊娜母子雇用了保安，每次出去至少有三名保安陪同。为了不引起旁人注意，在罗纳尔迪尼奥的安排下，雅纳伊娜母子用的车挂的是外地牌照。

每次回巴西度假，或者到巴西队报到路过里约，罗纳尔迪尼奥都会去看望儿子。2006年5月18日，罗纳尔迪尼奥回老家阿雷格里港，之后要去瑞士。在里约国际机场转机，他跟儿子在VIP休息室见了一面。

尽管不在儿子身边，罗纳尔迪尼奥仍关心和陪伴着他的成长，有时候是打电话，有时候是通过网络摄像头跟儿子交流。罗纳尔迪尼奥不讳言他是个"猫头鹰爸爸"。"猫头鹰爸爸"是巴西人的说法，意思是宠爱甚至溺爱孩子的父亲。

效力巴萨五载，罗纳尔迪尼奥在锋线上的好搭档是喀麦隆前锋埃托奥。

一岁多时，若昂长出八颗奶牙，他开始会叫爸爸了。不过，与很多父亲不同，若昂叫的第一声"爸爸"，罗纳尔迪尼奥是在电话里听到的。

当时，罗纳尔迪尼奥很激动："我是个'猫头鹰爸爸'，若昂会叫爸爸了，我非常高兴。我第一次听到他叫爸爸是在电话里，他妈妈让他在电话里跟我说话。听他叫我爸爸，我非常激动，听到那一声'爸爸'感觉真好。"

儿子出生后，雅纳伊娜一直在跟罗纳尔迪尼奥打官司。她想让他给她和儿子在里约买一所大房子，儿子的抚养费，她也狮子大开口。

围绕儿子若昂的抚养费，官司打得旷日持久。巴西法院一开始的判决是每月1万雷亚尔，雅纳伊娜不服上诉，法院改判为两万雷亚尔。2007年1月，抚养费又涨到每月5万雷亚尔，雅纳伊娜仍不满意。

2005年2月25日出生，若昂如今已经13岁了。若昂跟父亲长得很像，罗纳尔迪尼奥曾在社交网站上发过儿子的照片，跟他自己小时候的照片加以对比。

像父亲小时候一样，若昂也喜欢踢球。2013年12月，8岁的若昂进入达伽马俱乐部室内足球U9儿童队学球，至今已经学了4年多时间。未来，兴许他会成为像父亲那样的巨星呢。

05.

四中横梁是真是假?

2005年11月，耐克公司在其官网上发了一段视频。视频中，在大禁区弧顶附近，罗纳尔迪尼奥接连四次射门，次次击中球门横梁。接连四次击中横梁已令人叹为观止，更奇的是，每次击中横梁之后，皮球又恰到好处地反弹到他身前，四次射中门楣过程中，罗纳尔迪尼奥一直没让皮球落地。

视频是真是假引起了激烈的争论。罗纳尔迪尼奥的脚法真的那样神奇，可以连续四次击中横梁？该不是剪辑处理过吧？耐克公司这样做只是为了制造争议从而吸引眼球？

事实上，在耐克视频中，罗纳尔迪尼奥不是四次击中横梁，而是五次。当视频接近结束时，他颠球到了球场左侧，跟为他送鞋的人击掌相庆。秀了一阵儿脚法之后，罗纳尔迪尼奥又将球踢向球门。这时画面完全变暗，又听到皮球击中金属（横梁）的清脆声响。

2005年11月12日，巴西队与阿联酋有一场友谊赛。在阿联酋首都阿布扎比，没人关心比赛，媒体最关心的是罗纳尔迪尼奥横梁四连击是真是假。赛前一天，巴西队训练结束后，罗纳尔迪尼奥不得不回答这个问题。一开始，他不说是真是假，只是笑着说："我觉得不是特别难，只要苦练一下就行。"

面对记者的质疑，罗纳尔迪尼奥仍不恼："你们在怀疑我的能力吗？这段视频不是广告，只是为了纪念我的金色新球鞋。一开始只是放在网上，可后来电视台也播了。对于结果，我很是满意。"

记者们一再追问，罗纳尔迪尼奥大笑出声，之后他说："可它是真的。视频是开放电视台录制的，不是剪辑。在训练中我也经常那样做，我不过是重复了一下。"

普通人容易被蒙骗。巴西"环球体育"网站搞了一个网上民意调查，共有1.5万人投票，52%的投票者相信视频是真的，认为罗纳尔迪尼奥有那个能力。

职业球员则怀疑视频的真实性，因为他们对足球最了解。

罗纳尔迪尼奥的巴萨队友、巴西队边后卫贝莱蒂说："罗纳尔迪尼奥确实有能力做出令人印象深刻的动作，但连续四次踢球击中横梁，皮球又弹到胸前……别人都没亲眼看到，当时只有视频拍摄人员在场。"

被问及罗纳尔迪尼奥的视频是真是假，皇马法国巨星齐达内只回答了一句"不可能"。曾效力西甲拉科鲁尼亚、当时已退役的巴西球星德贾明哈也持怀疑态度：

提到罗纳尔迪尼奥的巴萨岁月，也不能不提德科。

"我觉得那段视频是假的，虽然不能说那绝对不可能做到，但连续四次实在太不可思议了。我认为视频经过了后期处理，我是罗纳尔迪尼奥的粉丝，但那实在是太令人难以置信了。"

连续四次击中横梁，这件事引起的反响太大，罗纳尔迪尼奥不得不在多个场合多次回答媒体的质疑。其实，就连他自己也前后矛盾。有一次，他说"不可能"。还有一次，他承认道："这不意味着没有一点广告因素，它只不过是一段可以让人们在因特网上欣赏的东西。"

连续四次击中横梁的神迹，罗纳尔迪尼奥后来在其他场合再也没有重复过。因此可以推断，耐克公司的视频其实是一段广告，罗纳尔迪尼奥四中横梁是剪辑的结果。

实际上，耐克公司不止一次拍这种神广告。2009年4月，巴西新星内马尔也在耐克广告中故弄玄虚。广告中，内马尔在角球区附近颠球，然后将皮球传向禁区，他快速跑入禁区，在皮球落地之前将它射进球门。内马尔速度是快，但他跑得比在空中飞行的皮球还快吗？肯定不会，那只是剪辑的结果。

罗纳尔迪尼奥四中横梁到底是怎么拍出来的？世上总有锲而不舍、打破砂锅问到底的人，英国《观察家报》专栏作家大卫·希尔斯就是其中之一。

大卫·希尔斯向耐克公司北欧区媒体部主管维塔·克劳森求证，后者说，有一个人站在球门后面，他负责把球踢回给罗纳尔迪尼奥，罗纳尔迪尼奥试着击中横梁，但他只击中了两次，另外两次是后期剪辑的结果，在进行后期制作时，站在门后的人被剪掉了，于是罗纳尔迪尼奥四中门楣的神迹看起来像真的一样。

维塔·克劳森说："我很遗憾地承认，罗纳尔迪尼奥四次击中横梁的视频，我们进行了数字化处理。如果有哪位球员可以做到那样的奇迹，那也非罗纳尔迪尼奥莫属。他很棒，是位神奇的球员。可是实际上，有一个人站在球门后面，他负责把球踢回给罗纳尔迪尼奥。不过事实上，他确实连续两次击中了横梁。"

06.

西甲第一冠+联合会杯冠军

2005年5月22日，2004/2005赛季西甲最后一轮，巴萨主场与比利亚雷亚尔3比3打平，罗纳尔迪尼奥贡献一粒进球。最终巴萨38战积84分，力压80分的皇马夺冠。那是罗纳尔迪尼奥加盟欧洲后拿到的第一个正式赛事冠军，他终于可以摘掉无冠之王的帽子了。

那个赛季，罗纳尔迪尼奥42战打进13球，另有20次助攻。数据不如第一个赛季华丽，但也相当出色。8月份的西班牙超级杯，罗纳尔迪尼奥帮助球队以4比2的总比分击败皇家贝蒂斯，他个人也拿到了在欧洲和加盟巴萨后的第二冠。

欧洲赛季结束后，罗纳尔迪尼奥没空闲休假，他代表巴西队参加了2005年国际足联联合会杯。在此之前，在巴西队，他只拿过1999年美洲杯和2002年韩日世界杯冠军。2004年6月2日，德国世界杯南美区预选赛主场对阿根廷，罗纳尔迪尼奥因伤缺阵，巴西队3比1大胜对手，罗纳尔多制造并罚进3粒点球。2005年6月8日，客战阿根廷，"外星人"缺席，罗纳尔迪尼奥领军，被对手回敬一个3比1。因此，有一种刻薄的说法是，在巴西队，只有罗纳尔多也在场时，罗纳尔迪尼奥才能拿到冠军。

2005年联合会杯上的罗纳尔迪尼奥。进球后，他很快乐。

2005年联合会杯上的罗纳尔迪尼奥霸气十足。

　　德国联合会杯，罗纳尔多请假不参加。"巴西三R"中的另一"R"里瓦尔多年事较高，且又沦落到希腊奥林匹亚科斯踢球，已不入巴西队主帅佩雷拉法眼。德国联合会杯上，罗纳尔迪尼奥第一次在巴西队当大哥。因此，他想回击质疑，率巴西队夺冠。

　　小组首战对欧洲冠军希腊，巴西队3比0完胜。次战对墨西哥，巴西队0比1输球。小组第三战对日本，输球就出不了线。罗比尼奥和罗纳尔迪尼奥先后建功，日本人两度扳平。最终比分是2比2，巴西队勉强晋级半决赛。

　　半决赛对东道主，阿德里亚诺梅开二度，罗纳尔迪尼奥打进巴西队第二球，桑巴军团3比2险胜。对阿根廷的决赛，是巴西队和罗纳尔迪尼奥在那届联合会杯上发挥最佳的一战。阿德首开纪录，卡卡打进第二球，罗纳尔迪尼奥打进第三球，阿德将比分改写为4比0。只是艾马尔进球，阿根廷人才稍稍挽回一点颜面。

　　前四战打得不漂亮，但决赛打得精彩。在巴西国家队，在没有罗纳尔多的情况下，罗纳尔迪尼奥第一次大赛夺冠了，那使人们对他在2006年德国世界杯上的表现有了更高预期。

　　不过，主导了巴西队联合会杯夺冠进程的球员其实不是罗纳尔迪尼奥，而是国米前锋阿德里亚诺。打进5球，阿德穿走射手金靴。此外，他还当选赛事最佳球员，而罗纳尔迪尼奥只捧起铜球。

　　那已经不是阿德第一次在大赛上成为巴西队主角。2004年秘鲁美洲杯，罗纳尔多、卡卡和罗纳尔迪

尼奥等主力请假，国米前锋率队在决赛上力克阿根廷人捧杯。那一次，除了冠军奖杯，阿德也穿走射手金靴，捧起最佳球员奖杯。

不管主角是谁，夺冠总是令人高兴的。2005年注定是属于罗纳尔迪尼奥的，令他乐得合不拢嘴的事情还在后头。

8月31日，罗纳尔迪尼奥与巴萨续约。他原来的合同为期五年，2008年6月底到期。续约之后，合同2010年6月结束。根据新合同，巴萨有权跟他续约到2014年。原合同中，解约金为1亿欧元。新合同中，解约金提高到1.25亿欧元。当然了，续约时肯定会涨工资，那也是题中应有之义。

07.

最高光的2005年：金球奖＋世界足球先生

2005年是罗纳尔迪尼奥职业生涯最风光的一年，他包揽了世界足坛三项个人大奖。

2004年世界足球先生评选，国际足联答应国际职业足球运动员联合会（FIFPro），职业球员们的投票在世界足球先生评选中占20%的权重。但最后时刻，国际足联食言而肥，声称"缺乏时间"，没计算球员们的选票。2005年，国际职业

2005年12月11日，西甲第15轮，巴萨主场2比1击败塞维利亚。赛前，刚刚夺得金球奖的罗纳尔迪尼奥手捧金杯亲吻母亲米格莉娜。

2005年12月19日，罗纳尔迪尼奥蝉联国际足联世界足球先生，切尔西中场兰帕德（右）第二，巴萨队友埃托奥（左）第三。

足球运动员联合会另起炉灶，干脆自己评选世界最佳球员。2005年9月19日，第一届奖项授予罗纳尔迪尼奥。2006年，他蝉联了那一殊荣。

2005年11月19日，2005/2006赛季西甲第12轮，巴萨客场挑战皇马。第14分钟，埃托奥首开纪录。第59分钟，巴萨快速反击。中线处得球，罗纳尔迪尼奥沿左路衔枚疾进，中途过掉拉莫斯。在禁区里，他晃过皇马中卫伊万·埃尔格拉后一脚劲射，皮球直飞近角，对手门将卡西利亚斯只能望球兴叹。

第77分钟，罗纳尔迪尼奥又是左路得球，又是过掉拉莫斯后杀入禁区。面对封堵的圣卡西，他冷静地推射远角，将比分锁定为3比0。失球之后，皇马门将无奈地摇头。而伯纳乌看台上，皇马球迷起立为罗纳尔迪尼奥鼓掌喝彩。皇马、巴萨势同

2005年12月20日，西甲第17轮，巴萨主场2比0击败维戈塞尔塔。赛前，罗纳尔迪尼奥、梅西和埃托奥展示自己刚刚赢得的奖杯。罗纳尔迪尼奥手捧的是国际足联世界足球先生奖杯，梅西手捧的是国际足联最佳年轻球员奖杯，喀麦隆"猎豹"捧的是国际足联世界足球先生评选第三名奖杯。

水火，在伯纳乌赢得掌声，只有罗纳尔迪尼奥那样的巨星能做到。

2006年，罗纳尔迪尼奥曾谈到伯纳乌的掌声。他说："当伯纳乌的人们为我鼓掌时，我非常激动，我都不敢相信那一幕是真的。巴塞罗那和皇马的关系远超出足球范畴，有政治的因素。我能够通过足球将两家俱乐部的球迷团结起来，那种感觉真的很好。"

凭借这样出色的表现，2004年错过的，罗纳尔迪尼奥2005年拿到了。11月28日，他捧起《法国足球》杂志金球奖。在最终角逐中，他战胜了两名英格兰球星，一位是切尔西中场兰帕德，另一位是利物浦中场杰拉德。

欧洲52个国家和地区的52名记者投票，有50人投票给罗纳尔迪尼奥，只有威尔

士和法罗群岛记者没投他。他拿到了33个第一，11个第二，4个第三，两个第四。每个第一5分，每个第二4分，每个第三3分，每个第四2分，每个第五1分，他的总得分为225分，得分率高达86.5%。

罗纳尔迪尼奥遥遥领先。第二的兰帕德拿到148分，差了罗纳尔迪尼奥77分。第三的杰拉德得到142分，第四的阿森纳法国前锋亨利只有41分，第五的米兰乌克兰前锋舍甫琴科只拿了33分。

继罗纳尔多（1997年、2002年）和里瓦尔多（1999年）之后，罗纳尔迪尼奥成为第三位荣膺金球奖的巴西球员。继路易斯·苏亚雷斯·米拉蒙特斯（1960年）、克鲁伊夫（1971年、1973年和1974年）、斯托伊奇科夫（1994年）和里瓦尔多（1999年）之后，罗纳尔迪尼奥成为第五位获此殊荣的巴萨球员。

11月28日，在巴黎香榭丽舍大街的皮尔·卡丹中心，《法国足球》杂志举行了盛大的颁奖仪式，母亲米格莉娜、哥哥阿西斯和姐姐戴西都到场。从《法国足球》杂志总编辑热拉尔·埃尔诺手中接过金球时，罗纳尔迪尼奥双眼已经潮湿。拥抱了热拉尔·埃尔诺之后，罗纳尔迪尼奥高高地举起金球，全场响起热烈的掌声。母亲米格莉娜被请上领奖台，她动情地哭了。

罗纳尔迪尼奥为什么能得奖？三届欧洲金球奖得主普拉蒂尼三句话就概括得清清楚楚。法国前巨星说："罗纳尔迪尼奥使足球变得更漂亮、更艺术。他给所有人带来快乐。有了他，足球成了一门艺术。"

最好的总是最后到来。12月19日，罗纳尔迪尼奥当选2005年国际足联世界足球先生，成为继1996年和1997年的罗纳尔多之后第二位蝉联世界足球先生的巴西球员。他总共得到956分，而第二的兰帕德只有306分，第三的巴萨队友埃托奥仅拿到190分。第二的兰帕德差了第一的罗纳尔迪尼奥650分，那是截至那时世界足球先生评选历史上最大的分差。

08.

比贝利更好？捧得高，摔得惨！

2005/2006赛季，是罗纳尔迪尼奥踢得最好的赛季。

一个赛季下来，罗纳尔迪尼奥59次上场，打进30球，还奉献了20次助攻。西甲联赛上29战17球15次助攻，罗纳尔迪尼奥在射手榜上排第三，仅次于26球的埃托奥和25球的大卫·比利亚。巴萨欧冠13战，罗纳尔迪尼奥12次出场，11次打满90分钟，另有一次是第89分钟被换下。12战7球，在欧冠射手榜上他排第二，仅次于9球的舍甫琴科。

表现精彩的罗纳尔迪尼奥帮助巴萨拿到两个重要冠军。西甲联赛夺冠，巴萨积82分，超出第二的皇马12分。除了蝉联西甲冠军，巴萨还史上第二次拿到欧冠联赛冠军。1991/1992赛季首次夺冠时，主教练还是"球圣"克鲁伊夫。时隔14年，巴萨终于再次举起大耳朵杯，而主角和功臣是罗纳尔迪尼奥。

有鉴于此，不少人对罗纳尔迪尼奥在2006年德国世界杯上的表现很是乐观。他们这样预测道：这样好的罗纳尔迪尼奥，2006年世界杯上一定也会闪光；德国世界杯，应该是属于他的一届世界杯。

对罗纳尔迪尼奥寄予厚望，也是因为巴西队异常强大。2002年韩日世界杯，巴西队有罗纳尔多、里瓦尔多和罗纳尔迪尼奥组成的"巴西3R"，他们在韩日赛场上所向披靡、摧枯拉朽。2006年德国世界杯上，虽然没了里瓦尔多，但罗纳尔多、罗纳尔迪尼奥、卡卡和阿德里亚诺组成的"巴西魔幻四人组"肯定能弹奏出华美的乐章，何况他们还有"单车少年"罗比尼奥那个豪华替补。因此，不仅是巴西媒体，

就连其他国家的媒体也认为巴西队是德国世界杯夺冠最大热门。

媒体一向喜欢制造话题，2006年5月15日一期巴西《时代》周刊刊登一篇封面文章，标题是《比贝利更好？》。文章说，面对处于巅峰的罗纳尔迪尼奥，一个问题被提了出来：现在的他风头无两，无疑是现时足坛最佳球员，但他比贝利更好吗？

2006年5月17日，巴萨2比1击败阿森纳夺得2005/2006赛季欧冠联赛冠军。赛后，罗纳尔迪尼奥亲吻冠军奖杯大耳朵杯。

或者更谦逊一点，他有可能超过球王吗？

　　骄兵必败，哀兵必胜。纵观巴西足球史，此前五次世界杯夺冠，巴西队事先都不被看好。

　　1954年瑞士世界杯，巴西队经历伯尔尼惨败，2比4输给匈牙利，小组没能出线。因此，1958年瑞典世界杯上，对手没把巴西队当回事。

　　1962年智利世界杯，主帅虽由维森特·费奥拉换成艾莫雷·莫雷拉，但球员基本上还是那帮球员，不过年龄却大了四岁，贝利打了两战就报废。所有人都以为巴西队蝉联不了冠军，但"小鸟"加林查却扮演了贝利+加林查的角色。

　　1970年墨西哥世界杯，贝利已经29岁，身体曾有伤病。1966年英格兰世界杯，巴西队小组都没能出线。但有压力才有动力，墨西哥世界杯上，巴西队6战全胜夺冠。贝利终于封王，而1970年世界杯巴西队也被视为足球史上最好的国家队。

　　1994年世界杯预选赛，巴西队最后一轮才勉强抢到世界杯门票。而截至美国世界杯，巴西队已经24年无冠。除了"独狼"罗马里奥，儒帅佩雷拉统率的巴西队没有其他巨星。但就是那支踢着丑陋足球、尊崇半个球取胜主义的巴西队，为足球王国捧回第四座世界杯。

　　2002年韩日世界杯，斯科拉里巴西队也不被看好。1998年法国世界杯，罗纳尔多决赛前犯病，在场上如同梦游，巴西队0比3惨败给东道主。2002年世界杯前，因为伤病，罗纳尔多一两年没正经踢比赛。另一位主角里瓦尔多被视为"俱乐部球员"，世界杯前也有伤。韩日世界杯上的有些比赛，罗纳尔多和里瓦尔多甚至要打了封闭针之后才能忍痛上场。但就是那样一支饱受质疑的巴西队，七战七捷夺冠。

　　2006年世界杯前，巴西队太过乐观，巴西国内舆论和世界舆论又把它捧上了天。德国世界杯上，五星巴西死得很惨，1/4决赛就被"克星"法国队淘汰。正应了那句话：捧得高，摔得惨。

09.

德国世界杯暗淡无光原因何在?

2006年德国世界杯,夺冠大热门倒灶,巴西队止步八强。巴西队失利有很多原因,不少人归咎于罗纳尔迪尼奥。巴西队五战,两届世界足球先生得主一球未进,只有可怜的一次助攻。德国世界杯上,他脸上的微笑消失了,他面无表情,对场上发生的一切都缺乏兴趣,显得无动于衷,打得一点不兴奋,他往日的快乐足球和漂

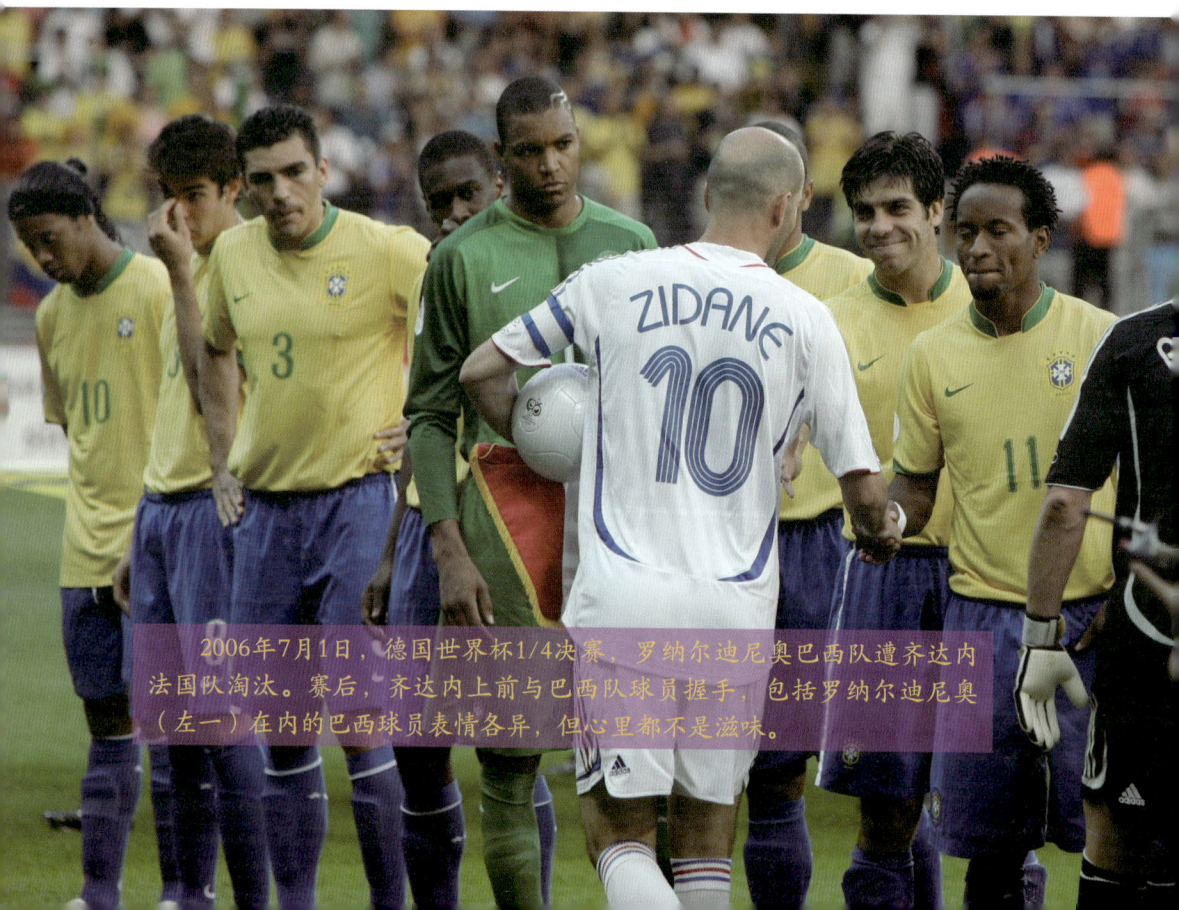

2006年7月1日,德国世界杯1/4决赛,罗纳尔迪尼奥巴西队遭齐达内法国队淘汰。赛后,齐达内上前与巴西队球员握手,包括罗纳尔迪尼奥(左一)在内的巴西球员表情各异,但心里都不是滋味。

亮足球也难觅影踪，这才是最令人失望和寒心的。罗纳尔迪尼奥怎么了？在人生第二届世界杯上，他为什么发挥得那么差？

首先得从巴西队身上找原因，要怪就怪罗纳尔迪尼奥有一帮"猪"队友。世预赛上，由罗纳尔多、罗纳尔迪尼奥、阿德里亚诺和卡卡组成的"巴西魔幻四重奏"名声大噪。但到德国世界杯前，它已经今不如昔。

罗纳尔多是第四次参加世界杯，但29岁的他面临着伤病和超重问题。2005/2006赛季，"外星人"只出战27场，打进15球。当时有巴西媒体报道说，韩日世界杯上，罗纳尔多体重77公斤，2006年世界杯前则达到82公斤。还有巴西媒体说，韩日世界杯上，罗纳尔多体重86公斤，而2006年5月到巴西队报到时，他体重高达94.7公斤，经过训练，德国世界杯开打时，他才减到了90.5公斤。

2018年1月，接受客串主持人的前辈巨星济科专访，罗纳尔多也承认2006年世界杯上他身体超重。不过他也说，当时巴西队大多数球员都身体超重。"我到了……很大一部分球员到巴西队报到的时候都超重。"罗纳尔多没点名，但其中一个严重超重者是他的锋线搭档、国米前锋阿德里亚诺，罗纳尔迪尼奥应该也有轻微超重。

可为尊者讳，再加上报出罗纳尔多和阿德里亚诺的真实体重会影响军心，使亲者痛、仇者快，因此在2006年世界杯前和期间，巴西媒体没有透露他俩的真实体重。罗纳尔多和阿德里亚诺到底有多重？说出来吓死人！

2010年6月初，南非世界杯揭幕前，2006年世界杯巴西队主帅佩雷拉接受记者采访，透露了一个惊人内幕。"我是罪人？我不是一个人输掉了2006年世界杯。够了！媒体已经这样说了四年，四年讲的都是同一个故事！我们也别再装了！部分责任在我，可如果球员那么不负责任，参加世界杯前体重高达100公斤、101公斤，那我也就做不了什么了。不能这么干。"

体重严重超重是个别球员不负责任的表现，他们的另一个问题是进取心不足，躺在功劳簿上睡大觉，这尤以罗纳尔多为甚。但其他球员或多或少也有骄傲心理，认为以巴西队的实力，第六冠是手拿把攥、轻而易举的事，对困难估计和准备不足。

四冠儒帅说："在德国，我手上的是一支没有责任感、没有进取心的球队。球

员们都富得流油，并不真正操心比赛。那是一群不明白或者已经忘了赢得世界杯冠军意味着什么的人。那是一支脑满肠肥的球队，冠军已经拿得手软。如果国际足联的规则允许的话，我甚至会把他们中的一些人临阵除名。"

可到了世界杯前夕，国际足联已经不允许再更改征召名单。对于罗纳尔多和阿德里亚诺等"害群之马"，佩雷拉也无计可施，只能将就着用。佩雷拉保守，谨慎怕事，治军不严，做不到奖罚分明，又对罗纳尔多等巨星心存侥幸，世界杯上还重用他们，结果铸成了大错。德国世界杯失利，佩雷拉要承担很大一部分责任。

巴西足协也难辞其咎。德国世界杯前，它把巴西队备战基地设在了瑞士小城维吉斯。巴西队训练卖门票，球迷们吵闹不停，训练场外卖巴西特产，成了集市，球员们正常训练受到严重干扰。甚至发生过令人啼笑皆非的一幕：一位女球迷冲上草皮，拥抱并亲吻罗纳尔迪尼奥，还抱着他在地上打滚儿。热身赛对手，巴西足协也安排了弱队，没起到备战的作用。

2005年德国联合会杯上，罗纳尔多等老将缺阵，罗纳尔迪尼奥成了巴西队领袖核心。德国世界杯上，佩雷拉看重老将们的名气，巴西足协也听之任之。实际上，巴西队的领袖和主角不再是罗纳尔迪尼奥，而是罗纳尔多、卡福和罗伯特·卡洛斯等人。

2006年德国世界杯本应是罗纳尔迪尼奥的世界杯，他应该成为巴西队的核心和领袖。可罗纳尔多等老将心存恋栈，不愿意远离聚光灯打出的强光，还把持着话语权。由于在巴西队踢了好多年，他们与佩雷拉交情更深，他们掌握着与主教练的沟通权和交流权，大小事都听他们的一面之词，他们踢得不好也照样打主力。

以罗纳尔迪尼奥和卡卡为代表的少壮派，有不满也不敢表达，怕落一个扰乱军心的罪名，因此只能埋头踢球。尤其是罗纳尔迪尼奥，他本来人就腼腆，话不多，于是就只能闷闷不乐地踢球了。

西班牙媒体肯定偏袒罗纳尔迪尼奥。它们认为，德国世界杯上他之所以踢得不好，是因为他身边缺乏跟他同等高度的队友，是因为他把自己在联合会杯上享有的领袖地位输给了卡福、埃莫森、罗纳尔多和罗伯特·卡洛斯等老将。

亲巴萨的《世界体育报》记者皮图·阿布里尔写道："罗纳尔迪尼奥失败了，是因为他朝两边看，既找不到德科，也找不到哈维。齐达内和罗纳尔迪尼奥都是出类拔萃的球员，但没有豪华队友的话，集体的成功就不可能。"

当然了，发挥不好还有位置的原因。在巴萨，罗纳尔迪尼奥已经习惯打左路，打前（边）锋，离球门更近，自己进球。但在巴西队，前面有罗纳尔多和阿德里亚诺，他只能回撤，跟卡卡联袂打联系中场。位置不合适，也是导致他在德国世界杯上发挥不佳的一个很重要的原因。

还有一个原因。2005/2006赛季，罗纳尔迪尼奥为巴萨出战59场，打进30球，贡献21次助攻，帮助球队拿到西甲和欧冠双冠。欧陆的一个高强度赛季打完，他太累了，身心俱疲。德国世界杯上，他已经没力气微笑着踢球了。

10.

一蹶不振　他失去了微笑

德国世界杯是罗纳尔迪尼奥职业生涯的分水岭，自那以后，他就一蹶不振，开始疾速坠落。而象征着他陨落的标志性事件，是德国世界杯后巴西人烧毁了他的塑像。

在罗纳尔迪尼奥风光无限的时候，巴西人喜欢他，景仰他，膜拜他，把他当作神一样看待。德国世界杯前，巴西球迷对罗纳尔迪尼奥的期望值非常之高。可两届世界足球先生未能展示出自己的美丽足球，巴西队1/4决赛遭法国淘汰之后，巴西球迷把一腔怒火都撒到他头上。

2004年第一次当选国际足联世界足球先生之后，在与南里奥格兰德州毗邻的圣卡塔琳娜州，沙佩科小城的居民为罗纳尔迪尼奥竖立起一座高达7米的塑像。2006年7月1日巴西队被淘汰，当天夜里，罗纳尔迪尼奥的塑像就被愤怒的球迷拉倒并烧毁。

事发时是当地时间凌晨两点钟左右，那时，罗纳尔迪尼奥的塑像开始起火。等到消防车赶来时，已经无能为力。塑像已惨不忍睹，烧得只剩下一只手、足球的残骸和一堆弯曲变形的金属丝。那尊塑像是由铁、纸板、树脂和玻璃纤维制成，也比较容易起火燃烧。

平心而论，2006/2007赛季在巴萨，57战29球16个助攻，罗纳尔迪尼奥踢得还算出色。可那个赛季西甲联赛的最终结果，却委实让他伤心。那次打击实在太沉重，让他心如死灰，再也振作不起来了。在巴萨的最后两个赛季，他没拿过正式比赛冠军。

2006/2007赛季西甲，巴萨大部分时间位居榜首。死敌皇马一度落后6分，排名第四。不过，从2007年1月起，巴萨的表现变得不稳定，而皇马则越踢越好。当联赛

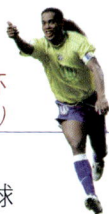

仅剩下4轮时，皇马成为领头羊。当西甲落幕时，皇马和巴萨同积76分，但巴萨进球数和净胜球数远超皇马。

可西甲的规则是，当两支球队积分相同时，首先要看两队直接交锋记录。那个赛季的两场国家德比，巴萨客场0比2告负，主场3比3与对手战平。因此皇马笑到了最后，成为那个赛季的西甲冠军。

2007/2008赛季，罗纳尔迪尼奥的发挥差强人意，33战12球9助攻。那个赛季的两场国家德比，巴萨遭皇马双杀。2007年12月23日，西甲第17轮，巴萨在主场诺坎普0比1输给皇马。2008年5月7日，西甲第36轮，做客伯纳乌，巴萨一度0比4输球。要不是法国前锋亨利第87分钟好歹进了一球，巴萨会输得更没颜面。

危难时刻，巨星该挺身而出，那个曾在伯纳乌赢得掌声的罗纳尔迪尼奥在哪里？2008年3月9日西甲第27轮，巴萨主场1比2输给比利亚雷亚尔。自那以后，因为

2006年12月17日，世俱杯决赛，巴萨0比1负于巴西国际。赛后，巴西国际17岁前锋帕托安慰同胞罗纳尔迪尼奥。

伤病原因，罗纳尔迪尼奥再也没为巴萨上过场。那个赛季，巴萨19胜10平9负，仅积到67分，比冠军皇马少18分，比亚军比利亚雷亚尔少10分。

在巴萨的最后两个赛季，罗纳尔迪尼奥最失意的一场比赛是2006年12月17日的世俱杯决赛。那届世俱杯，是罗纳尔迪尼奥和他的巴萨队友们第一次打世俱杯。半决赛上，巴萨4比0横扫墨西哥美洲队。决赛上，红蓝军团的对手是巴西国际。

罗纳尔迪尼奥曾效力格雷米奥，格雷米奥跟巴西国际是同城死敌。当年在巴西踢球时，罗纳尔迪尼奥没少跟对方过招儿，最令人难忘的一次是1999年州联赛决赛上羞辱四冠队长邓加。世俱杯决赛上，当年的恩仇也带到了场上。罗纳尔迪尼奥想赢球，想拿世俱杯冠军，可他却与冠军失之交臂。

毁了罗纳尔迪尼奥世俱杯冠军梦的是一位无名小辈。巴西国际前锋阿德里亚诺·加比鲁第76分钟替补上场，第81分钟打进他人生最重要的进球。巴西国际1比0击败巴萨夺冠，那成了巴西球队百年历史上的第一个世界冠军。当年邓加被罗纳尔迪尼奥羞辱的大恨深仇，他的晚生后辈们替他报了。

拿不到冠军，重新当选世界足球先生和捧起金球奖的希望越来越渺茫，罗纳尔迪尼奥的进取心进一步消减。他更加不自律，沉湎于酒色，流连于夜夜笙歌，体重越来越重，状态越来越低迷。

对此，所有人都不理解。那个曾经是所有巴萨球迷偶像的罗纳尔迪尼奥哪儿去了？有媒体写道："罗纳尔迪尼奥失去了微笑，在场上，他看上去踢得不再快乐。"

世俱杯决赛后，只拿到铜球奖的罗纳尔迪尼奥很落寞。

11.

所有人都想卖掉他

2007/2008赛季结束后，主帅里杰卡尔德离职，瓜迪奥拉走马上任。里杰卡尔德五年任期的终结，也意味着巴萨一个周期的结束。一朝天子一朝臣，罗纳尔迪尼奥不是瓜迪奥拉盘子里的菜。新赛季，瓜帅不想用他，他的巴萨时代就此画上句号。

瓜迪奥拉之所以不用罗纳尔迪尼奥，一方面是他已经28岁，年事渐高，状态下滑得厉害，2007/2008赛季又出现严重伤病；另一方面则是因为他已经失去进取心，不自律，沉迷于夜生活。

瓜帅不用罗纳尔迪尼奥，也是因为梅西的飞速成长。2004/2005赛季升上一队，经过两个赛季的磨炼，到2007/2008赛季时，20岁的梅西已成长为巴萨主力。2007年世界足球先生评选，梅西名列第二。

在梅西身上，瓜迪奥拉看出巨星的潜质，看到未来巨星的影子。手中有更年轻的梅西，老迈而失去斗志的罗纳尔迪尼奥还有什么用？不用罗纳尔迪尼奥，瓜帅不是卸磨杀驴，而是出于对球队未来的长远考虑。

卖掉罗纳尔迪尼奥，不是瓜迪奥拉一个人的决定。要是依照巴萨球迷的意见，罗纳尔迪尼奥早就该被卖掉了。

2007年圣诞节前夕，巴萨主场输掉国家德比。《马卡报》搞了一次网上民意调查，共有10万人投票。41.89%的人认为，为了走出当前的困境，巴萨在2008年1月冬季转会窗口就该把罗纳尔迪尼奥卖掉。29.74%的人认为，应该炒掉里杰卡尔德，卖掉罗纳尔迪尼奥。6%的人主张解聘里杰卡尔德，22.38%的人认为应该保持原样。加

起来，有71.63%的被调查者主张卖掉罗纳尔迪尼奥。

2008年4月底，就连留任与否还没最终确定的里杰卡尔德也表示罗纳尔迪尼奥应该离开。4月28日接受西班牙一电视台采访，里杰卡尔德事实上跟罗纳尔迪尼奥告了别。他说："不应该忘记他为这家俱乐部所做的一切，我希望他离开后能向足球世界展示他到底是谁。"

平心而论，当球员，里杰卡尔德是位巨星，但做教练，他不是一流主帅。执教巴萨，里杰卡尔德能在场边取得巨大成功，很大程度上是拜罗纳尔迪尼奥所赐，归功于他在场上的优异发挥。就连恩师都不想要罗纳尔迪尼奥，说明他状态下滑得实在太厉害。

不想再要罗纳尔迪尼奥的还有主席拉波尔塔。1比4输掉国家德比之后，西甲夺冠已无望，巴萨开始为新赛季谋划。西甲5月18日鸣金收兵，第二天是个星期一，里杰卡尔德辞职。在新闻会上，拉波尔塔首先就巴萨最近两个赛季的糟糕表现向球迷和媒体道歉，之后他说巴萨希望罗纳尔迪尼奥走人。

拉波尔塔说："我们跟他说了，新的道路更适合他。当一个周期结束时，最具象征性的人会离开，这也很正常。我非常希望罗纳尔迪尼奥能像弗兰克·里杰卡尔德那样做，以便能让我们记住他是一位曾给我们带来两座西甲冠军和一座欧冠联赛冠军奖杯的球员。"

拉波尔塔还透露，巴萨2007年就曾考虑卖掉罗纳尔迪尼奥。"我非常感谢罗纳尔迪尼奥。去年，我们曾觉得可以卖掉他。但我们是巴萨，看到他很失望，作为感谢他的一种方式，我们决定留下他。"

12.

他必须走，不然他会带坏梅西！

2008年夏天，罗纳尔迪尼奥必须得离开巴萨，一个重要的原因是俱乐部怕他和德科带坏梅西。巴萨担心在他俩的熏陶下，梅西也开始喜欢上夜生活。因此，不仅是罗纳尔迪尼奥，德科也得离开。

据苏格兰足球记者格雷厄姆·亨特所写的《巴萨：世界上最伟大的球队是这样炼成的》一书讲，2008年3月4日，欧冠联赛1/8决赛次回合主场对凯尔特人，梅西第38分钟就因伤下场。正是梅西的那次伤病成为了导火索，迫使巴萨俱乐部痛下决心，赛季结束后要把罗纳尔迪尼奥和德科清洗出队。

当时，梅西痛苦倒地，抱起他的伤脚，感到无法忍受的疼痛。罗纳尔迪尼奥和德科离得最近，最先跑过去安慰他。梅西一瘸一拐着下场，眼泪止不住地流了出来。

赛后，巴萨俱乐部当权者举行了秘密会议。参加那次"战时内阁"会议的有费兰·索里亚诺和马克·因格拉两位副主席以及足球经理提克希奇·贝吉里斯坦。为了保护巴萨金童梅西，确保他能顺利地成长为巴萨新时代的领军人，在会上形成了一个非常极端的战略。

因格拉回忆道："我们因梅西的脆弱和他反复的肌肉拉伤而感到失望。在对凯尔特人的比赛后，为了确保他未来的表现，我们制订了一套通盘性的方案：要控制他吃饭的顿数；他应该吃哪些种类的食物；他每天得睡多少小时觉；每天他得做哪种类型的拉伸运动。那是一个多方面的计划，是为了使他能够保持健康、减少伤病。为了帮助他，我们花费大量的工作，也投入了大量的金钱。"

2006年世界杯之前，健身和康复教练胡安霍·布劳就开始跟梅西一起工作。但他不是只为梅西服务，还指导和帮助其他球员。"战时内阁"做出决定，从那以后，布劳教练专门为梅西服务，以帮助他避免伤病，而不是有了伤病之后再帮他康复。

在饮食上，巴萨也给梅西制订了专门的食谱。在那之前，他还保持着阿根廷人的饮食习惯，主要吃红肉（牛肉）和碳水化合物。根据巴萨的要求，梅西改为每天吃大量的鱼和蔬菜。那有助于他保持身体的苗条和强壮，也使他更不易受伤，受了伤之后恢复起来也更快。

内因为主，外因为辅，但外因有时也非常重要。巴萨"战时内阁"做出的另一项极为重要的决策，是把罗纳尔迪尼奥和德科这两匹"害群之马"清除出球队。

2007/2008赛季结束后，里杰卡尔德的离去在所难免，瓜迪奥拉将走马上任，执掌巴萨教鞭。卖掉罗纳尔迪尼奥和德科，一方面是为新教练把船甲板冲洗干净，但更重要的是使梅西不再受他们的破坏性影响。

成名之后，罗纳尔迪尼奥和德科变了，他们喜欢上了巴塞罗那的夜生活。但花天酒地、夜夜笙歌是有代价的，会掏空身体。罗纳尔迪尼奥从巅峰顶点迅速跌落，身体也长胖了，状态也不复从前。德科也是伤病不断，而且恢复起来每每很困难。

罗纳尔迪尼奥和德科是梅西的偶像，他初到巴萨一队时，是他们率先接纳了他，也成了他的好朋友和大哥。梅西也不是超人，他也会被熏陶，也会被带坏。如果梅西也开始对夜生活感兴趣，巴萨将失去三位巨星，而不是两位。因此，两个巴西人必须得走。

因格拉说："罗纳尔迪尼奥和德科完全失控了。在好几年时间里，他俩曾是我们最好的球员，但我们失去了他们。为了使梅西能够释放出他所有的能量，我们必须得把罗纳尔迪尼奥和德科推出门。"

索里亚诺则说："有一点已经变得很明显，罗纳尔迪尼奥不是一颗可以持续闪光的星星，尽管2005年时我们觉得他可以做到这一点，我们还跟他的哥哥交谈，想把他的合同延期到2014年。到了2007年，我们知道他当不了俱乐部的象征。我们那时就决定了，那个象征将是梅西。"

13.

快速陨落原因

在巴萨，罗纳尔迪尼奥只续约了一次。他曾带给巴萨无限的光荣，曾带给巴萨球迷无比的快乐。但那样一位巨星，巅峰时期却十分短暂，让人唏嘘感叹。罗纳尔迪尼奥星光耀眼，但他为什么像流星般转瞬即逝？

就这个问题，西班牙Canal+电视台专门拍了一个专题片。Canal+的记者采访了巴萨俱乐部主席拉波尔塔等高层和一些工作人员，还采访了罗纳尔迪尼奥的巴萨队友、五冠巴西队中卫埃德米尔森。埃德米尔森2004年7月到巴萨，比罗纳尔迪尼奥晚

2006年国际足联世界足球先生评选，卡纳瓦罗当选，齐达内第二，罗纳尔迪尼奥仅列第三。

了一年，但也是2008年夏天离开。

兼任巴萨俱乐部技术秘书提克希奇·贝吉里斯坦指出，2006年世界杯上，罗纳尔迪尼奥的状态和表现就开始出现下滑，巴西队的失利对他影响很大。"在那个时候，我们就看到在有些细节上他做得不好。他不像原来那样投入，他变得容易受伤，小伤小病不断。每次从巴西国家队回来，要帮他恢复变得越来越难。"

拉波尔塔指出，罗纳尔迪尼奥之所以快速陨落，一方面是因为他身边围满了假朋友，另一方面是因为他夜生活无度。"我们曾找他谈过一次，我们想听他怎么说。他跟我们讲，他想继续踢，他想重新成为世界最佳球员。我们相信了他，因为我们相信他的实力，我们也一直感谢他为巴萨所做的一切。可是之后，有一点就变得明显了：尽管身边围着那么多人，但实际上他绝对是孤独的。"

巴萨俱乐部前工作人员胡安·何塞·卡斯蒂略说："甚至到了那样的程度，他觉得他的生活已经不属于他自己。当他的日程变成由五十个人和十个跨国公司来安排时，发生这样的事情也很正常。他变得更灰心丧气了，他的态度也发生了变化。他离开了我们这些永远的朋友，因为我们苛责他，我们指出他哪些地方做错了。他更愿意身边围满了那样的人，只夸他长得如何英俊，夸他个子高。"

不过，埃德米尔森提出了不同的见解，他认为巴萨帮助罗纳尔迪尼奥不够。"或许俱乐部高层、队医、理疗师、经理、主席和我们，球员们，本可以做更多一些事情来帮助他，因为在巴萨有很多人希望他过得不好，他甚至缺乏意志力来远离那些人。"

罗纳尔迪尼奥为何突然陨落？在《巴萨幕后》（De Puertas Adentro）一书中，西班牙记者路易斯·拉因兹·巴赫试图从另一个角度对此加以解释。巴赫认为，罗纳尔迪尼奥转会巴萨之后，母亲米格莉娜和姐姐戴西陪他住在巴塞罗那，对他进行照顾和管束，母亲和姐姐离开之后，罗纳尔迪尼奥就信马由缰了，他走上了坠落的轨道。

巴赫说："他母亲米格莉娜夫人找了一个男朋友，回了巴西。他姐姐戴西跟西班牙人队一名球员相恋，离开巴塞罗那搬到巴黎住。那是罗纳尔迪尼奥终结的开始，因为她俩不再跟他住在一起了。"

　　巴赫说得不无道理。围绕着罗纳尔迪尼奥，莫雷拉一家建立起一个家族企业。刚开始时，一家人都围着罗纳尔迪尼奥转。哥哥阿西斯是经纪人，姐姐戴西是新闻官，母亲米格莉娜则负责总务和后勤。

　　米格莉娜往返于巴西和欧洲之间，她有时会在欧洲小住一段时间。她在欧洲时，所有事情都要听她的。毕竟她是当妈的，是一家之主。

　　没谈朋友前，姐姐戴西基本上常驻欧洲，跟罗纳尔迪尼奥住在一起。在莫雷拉一家人里面，戴西算是个文化人。阿西斯和罗纳尔迪尼奥都是球员，只有她上了大学，所学专业是企业管理。

　　可没人能一直陪着罗纳尔迪尼奥。哥哥阿西斯的妻子和一双儿女都在巴西，他大部分时间跟他们一起住在阿雷格里港，有事的时候才到巴塞罗那。妈妈也找了巴西男朋友，姐姐戴西也谈起了恋爱，她们把罗纳尔迪尼奥一个人留在巴塞罗那。众所周知，最小的孩子容易被娇宠和溺爱。没人管束，再加上交友不慎，遇人不淑，罗纳尔迪尼奥也就学坏了。

　　顺便八卦几句。戴西的男朋友塞尔吉奥·科斯塔是巴西南部圣卡塔琳娜州首府弗洛里亚诺波利斯人，跟巴西后腰爱德华多·科斯塔是堂兄弟。但他不像巴赫所说的那样，不是职业球员。

　　爱德华多·科斯塔是1982年生人，比罗纳尔迪尼奥小两岁。在格雷米奥，两人做过队友。2001年，罗纳尔迪尼奥加盟巴黎圣日耳曼，爱德华多·科斯塔转会法甲波尔多。塞尔吉奥·科斯塔也跟着到了法国，任堂弟的秘书，照顾他的生活。

　　在法国，塞尔吉奥·科斯塔认识了戴西，并开始跟她谈恋爱。2009年7月4日，两人在弗洛里亚诺波利斯完婚。婚后，两人生有一对双胞胎女儿。

14.

巴萨中兴最大功臣　巴萨重建扛旗者

在巴塞罗那俱乐部历史上，对罗纳尔迪尼奥该如何定位？当年的巴萨队友、巴西右后卫贝莱蒂这样定义："存在着两个巴萨——他来之前的巴萨和他来之后的巴萨。"

在罗纳尔迪尼奥到来之前，巴萨已经好几年没拿过冠军。不拿冠军还能接受，更可怕的是巴萨人失去了自信，不会笑了。罗纳尔迪尼奥来了，他改变了历史。他使巴萨人接受和习惯了他的微笑，之后也被他的微笑所感染，他们也学会了笑。

巴萨俱乐部主席拉波尔塔说："当他2003年登上球场时，他微笑，这已经与众不同了，因为西班牙人不笑。"2010年接受ESPN电视台采访，瓜迪奥拉回忆道："在罗纳尔迪尼奥之前，我从来没见过跟他相似的球员。在改变球队士气方面，他起到了非常重要的作用，之前球队一直很悲伤。没人能像他那样，控下皮球，说'现在我跑上去进个球'。"

罗纳尔迪尼奥效力巴萨期间，费兰·索里亚诺正好担任俱乐部副主席。2009年，他出版了《球不是偶然进的》（*La Pelota No Entra Por Azar*）一书。在书中，索里亚诺没有否认主教练里杰卡尔德的功劳，但他指出，巴萨重生，罗纳尔迪尼奥厥功至伟。索里亚诺认为，罗纳尔迪尼奥是巴萨中兴最大功臣，是巴萨重建的扛旗者。

在书中，索里亚诺这样写道："球队由不同的配件构成，是用提克希奇·贝吉里斯坦和弗兰克·里杰卡尔德的专业知识组建，但它有一个扛大旗者：罗纳尔多·德·阿西斯·莫雷拉，罗纳尔迪尼奥·高乔。这位球员的技术水平、临场发挥和魅力是（巴萨）新时代的面孔。他的转会花了俱乐部许多钱，也让巴萨副主席桑

德罗·罗塞尔做了大量的工作。他利用在耐克巴西公司工作时期建立的人脉劝说罗纳尔迪尼奥来到巴萨。在五年时间里，巴萨的收入以引人注目的方式取得了增长。从2002/2003赛季的1.23亿欧元，增长到2007/2008赛季结束时的3.09亿欧元。"

2008年6月，瓜迪奥拉上台，罗纳尔迪尼奥被清洗。瓜帅的巴萨风光无限，成为足坛最好的球队，甚至有人说它是足球史上最好的球队。人们习惯于遗忘，很容易就忘记罗纳尔迪尼奥在巴萨重生过程中的作用。但实际上，罗纳尔迪尼奥2003年加盟巴萨，不只是一次简单的转会，他为巴萨贡献了许多。

巴萨的中兴，罗纳尔迪尼奥是主角，是明星。在迷失许多年之后，巴萨重新开始相信自己，罗纳尔迪尼奥时代为日后巴萨长时间称霸足坛奠定了基础。罗纳尔迪尼奥加盟巴萨，不仅改变了加泰罗尼亚俱乐部的历史，也使现代足球发生了根本性的变化。

一个事件，离得太近的话，人们往往无法正确评价它。2018年1月17日，罗纳尔迪尼奥宣布正式挂靴。拂去历史的尘埃，不少人试图对他在巴萨历史上的作用和地位再次加以定位。有人认为，罗纳尔迪尼奥时代是发生在巴萨的一场革命，他帮助提升了巴萨在欧洲舞台上的地位，巴萨在欧洲和世界的崛起都要归功于他。

在罗纳尔迪尼奥2003年加盟之前，巴萨只在1991/1992赛季赢过一次欧冠，在决赛上它击败了意大利桑普多利亚。1960/1961、1985/1986和1993/1994赛季，巴萨曾三次屈居亚军。但一支只拿过一次欧冠的球队难称欧陆豪门，正是罗纳尔迪尼奥给巴萨带来了2005/2006赛季的第二冠。有了那一冠的铺垫，2008/2009、2010/2011和2014/2015赛季的另三冠才水到渠成，巴萨才成了真正的豪门，而且是谈虎色变、人见人怕、踢着外星足球的"宇宙队"。

巴西记者、作家、历史学家、体育评论员和大学教授塞尔索·翁泽尔特说："在夺冠次数上，巴萨花了好长时间才成为欧洲伟大球队。巴萨的第一个欧冠冠军是对桑普多利亚拿到的。好些年，它就只有那一冠。它也有过很棒的阵容，可就是夺不了冠。实际上，罗纳尔迪尼奥来了之后，巴萨才子弹上膛。"

翁泽尔特还说："巴萨典型的踢球风格是倒球和十分讲求技术，那是20世

70年代约翰·克鲁伊夫到来之后才形成的。作为球队之锚，罗纳尔迪尼奥在目前这代球员中更接近梅西，他在克鲁伊夫之上。当年，克鲁伊夫也是巴萨之锚，但他的球队没那么成功。罗纳尔迪尼奥的重要性在于，在集体的齿轮组中，他是位个人天才。"

15.

梅西的"施洗约翰"

尽管自身有这样或那样的问题，但罗纳尔迪尼奥对梅西的成长是至关重要的。没有罗纳尔迪尼奥，也许就不会有梅西。这话似乎说得有点绝对，有点过，但实际上不过。

2004/2005赛季，梅西升上一队。在巴萨更衣室里，罗纳尔迪尼奥是第一个张开双臂接纳他的人。梅西日后能取得那样大的成功，罗纳尔迪尼奥功不可没。

罗纳尔迪尼奥是梅西的先行者，正如施洗约翰是耶稣的先驱那样。据《圣经》讲，奉上帝之命，约翰为耶稣施以洗礼。而在巴萨，则是罗纳尔迪尼奥为梅西进行了洗礼，培养他成为自己的继承人和接班人。

从外部环境和氛围上，罗纳尔迪尼奥也为梅西的到来和成功做好了铺垫。正是罗纳尔迪尼奥用自己的快乐足球，用自己在场上的出色表现，用冠军和个人奖项，帮助巴萨人重拾信心，使巴萨重新有了豪门球队的底蕴。

在一支自信满满的冠军球队起步，梅西当然会踢得更自信、更轻松、更容易。相反，如果初到一队时，巴萨仍是多年无冠的局面，球队上下无信心、无霸气，梅西得先从收拾旧山河做起。以梅西的天赋，他也能成功，也能把巴萨带到辉煌的顶点。但会难很多，甚至也有不成功的可能。

梅西运气的是，罗纳尔迪尼奥先他而来，作为大哥扛起了压力，为他做了完美的铺垫，使巴萨的打法发生革命性改变，使巴萨重新登上欧洲和世界之巅，使梅西了无压力，不用再经历失败和挫折，只需踢他会踢的足球就可以了。

就连梅西都说巴萨的重新崛起要感谢罗纳尔迪尼奥："我觉得巴萨发生的改变也要归因于罗纳尔迪尼奥。之前一个赛季，巴萨成绩非常糟糕，因他的到来而发生的改变好得令人难以置信。第一个赛季，我们没能拿到冠军，但他使我们爱上了他。一年之后，各项冠军纷至沓来，所有热爱巴萨的人都因罗纳尔迪尼奥所做的一切而感到快乐。"

当初梅西能早早升上一队，是罗纳尔迪尼奥向主教练里杰卡尔德建议的结果。2017年1月11日，"球员论坛"网站发表了36岁罗纳尔迪尼奥写给8岁自己的一封信。在那封信里，罗纳尔迪尼奥谈到了这一点。

"在巴萨，你会听人谈论起在俱乐部梯队的一位年轻球员。跟你一样，他也穿10号球衣。像你一样，他个子也不高。像你一样，他也是在玩球。你和另外几个人去看他为巴萨青年队打比赛，在那一刻，你知道他会成为一名伟大的足球运动员，而且还远不止于此。那个男孩儿与众不同，他的名字叫莱奥·梅西。"

"你会跟教练们说，让他们把他弄来，让他跟你在一队踢。当他来到时，巴萨球员谈起他就像巴西队球员谈论你。我希望你给他一个小建议。请你对他说：'我希望你带着快乐踢球，自由地踢球。皮球在脚下，你就只当在玩耍。'即使在你离开以后，通过利昂内尔·梅西，漂亮足球的风格还会在巴萨留存。"

2004/2005赛季，罗纳尔迪尼奥在巴萨的第二个赛季，梅西升上一队。10号属于罗纳尔迪尼奥，20号穿在德科身上，梅西穿的是30号战袍。

梅西穿30号球衣，也是有原因的。梅西升上一队之后，在其成长过程中，罗纳尔迪尼奥和德科都起了重要的作用，梅西甚至视两位巴西人为"豪华教父"。罗纳尔迪尼奥穿10号，德科穿20号，10+20=30，于是在职业生涯首个赛季，梅西穿了30号。

2004年10月16日，西甲第7轮，加泰罗尼亚德比，客场对西班牙人，梅西第83分钟顶替德科上场，跟罗纳尔迪尼奥并肩作战了7分钟。完成西甲首秀时，梅西的年纪是17岁2个月22天。

梅西职业生涯首球，是罗纳尔迪尼奥助攻他打进的。那是2005年5月1日，西甲第34轮，主场对阿尔瓦塞特，梅西第88分钟顶替埃托奥出场，那是他那个赛季第9次

在巴萨，罗纳尔迪尼奥是梅西的引路人、保护者和导师。

也是最后一次出场。当时场上比分1比0，进球者正是喀麦隆前锋。

第89分钟，梅西刚上场一分钟，罗纳尔迪尼奥左路带球斜突到禁区前沿，一个漂亮的过顶挑传，找到了中路插上的梅西。梅西左脚搓射中的，但主裁判认为他接球时处于越位位置，那个进球没有算。不过，从录像回放来看，由于阿尔瓦塞特中卫往后撤步，梅西其实并不越位。

第90分钟，巴萨后场长传，梅西前场拿到皮球后回传，罗纳尔迪尼奥又是一个漂亮的过顶挑传。球到人到，梅西几乎跟皮球同时到达禁区。皮球在地上弹了一下，未等它再次落地，梅西左脚一计撩射，皮球越过对方门将头顶飞进球门远角。打进个人西甲首球后，欣喜若狂的梅西跑向罗纳尔迪尼奥，后者把他背到了背上。

那个画面意义深远，它反映了罗纳尔迪尼奥对梅西的帮助和提携。而那个进球，则象征着巴萨的权杖正从罗纳尔迪尼奥手中交到梅西的手里。在梅西身上，罗纳尔迪尼奥找到了他最好的接班人。而遇到罗纳尔迪尼奥，梅西也邂逅了他最好的足球导师。

2016年，接受ESPN电视台采访，NBA巨星科比·布莱恩特透露了一段尘封旧事。他说，早在2005年，罗纳尔迪尼奥就指出梅西会成为史上最好的球员。

科比说："很久以前，确切地说是11年前，巴萨到了洛杉矶。我跟罗纳尔迪尼奥聊天，他是我最好的朋友之一。他对我说：'科比，你听着，我要介绍将成为整个历史上最佳球员的人给你认识。'"

没错儿，罗纳尔迪尼奥说的是梅西。

16.

梅西的保护者、老师和引路人

在巴萨，罗纳尔迪尼奥也是梅西的保护者、老师和引路人。

2004/2005赛季升上巴萨一队，梅西如一颗耀眼明星冉冉升起。在球场上，梅西的过人犀利无比，令对手防不胜防，束手无策。有时候，对手被气恼了，会用粗野的动作来报复他。令人意想不到的是，梅西的盘带过人，不仅令对手很生气，在刚开始时，也使他的队友们很气恼，被梅西过了的队友甚至想打他。在那种情况下，是罗纳尔迪尼奥和德科保护了他。

2012年，德科曾回忆说："人们很生气，当梅西参加训练时，有人甚至想踢他。他做的动作别人都做不出来，因此（被他羞辱的人）想踢他。可我和罗纳尔迪尼奥不让他们那样做。当时梅西非常腼腆，他只跟很少的几个人打交道。"德科所说的很少几个人，指的是当时巴萨队中的巴西籍球员，除了德科和罗纳尔迪尼奥，还有蒂亚戈·莫塔等人。

现如今的梅西任意球百步穿杨，不过就连他的任意球也是跟罗纳尔迪尼奥和德科学的。接受西班牙《体育报》采访，巴萨前教练胡安·卡洛斯·温苏埃曾透露说："我记得训练结束后，里奥不马上走人，他停下来看罗纳尔迪尼奥和德科罚任意球。他坐在场边，只是看，他观察力很强。我们问他是否也想试几脚，他却回答说不想。"当时的梅西，还是很害羞的。

2008年夏天，因为梅西的异军突起，罗纳尔迪尼奥不得不离开巴萨，他穿过的红蓝10号球衣交到梅西手上。梅西没有辜负罗纳尔迪尼奥的培养，他超越自己的导

师，成为巴萨历史上最伟大的球星。

罗纳尔迪尼奥对梅西的传帮带，是足球史上的一段佳话。在他俩之间，没有羡慕嫉妒恨，只有巨星之间的惺惺相惜。

2014年12月，接受巴萨官网采访，罗纳尔迪尼奥回忆起当年与梅西一起度过的快乐时光。罗纳尔迪尼奥说："让我感到幸福的是看到他越来越棒，身体越来越强壮，家人们也都幸福，创纪录倒是次要的。在所有这一切中，最重要的是与一位伟大的球员在场内和场外都是好朋友。当年与现在的唯一区别是，当我认识他时，他还在成长过程中，我有幸参与了那个重要的阶段。"

2014年3月，西班牙作家吉列姆·巴拉格出了一本梅西传记，名字就叫《梅西》。关于梅西的书出过不少，但那是第一本梅西本人授权出版的传记。那本传记说，两个人做队友时，梅西把罗纳尔迪尼奥视为父亲，在梅西刚刚升上巴萨一队时，罗纳尔迪尼奥保护了他。

巴拉格解释说："你可想象一下，当时罗纳尔迪尼奥是世界足球先生。一些体育心理学家分析说，在那种情况下，大牌明星有两种选择：或者'杀死'对手，不给他水，也不给他面包，或者保护他。罗纳尔迪尼奥选择保护梅西。"

在那本传记中，梅西特意提到了罗纳尔迪尼奥："我升上一队后没遇到太多困难，那主要应感谢罗纳尔迪尼奥。罗纳尔迪尼奥和其他巴西球员教了我很多东西，尤其是罗纳尔迪尼奥，他当时是球队的参照。我从他那里学到了很多东西，我感谢从开始时起他对待我的方式。对我来说，那是个巨大的变化，适应也并不容易。要知道升上一队时我年仅16岁，而且我也不太爱说话。要是换成别人，以他那时的名气，他可能不会那样对待我。我很有运气，我有幸跟他一起分享了许多东西，他是位伟大的人，这是最重要的。"

2017年6月24日，梅西30岁生日。接受巴萨电视台采访，他谈到当年跟罗纳尔迪尼奥的良好关系，以及四年间罗纳尔迪尼奥给他的指点和建议。"我非常感谢他，感谢他从一开始对待我的方式。16岁时走进（一队）更衣室，那绝对不会太容易，尤其是因为我的性格。但他使一切都变得容易了。"

2018年1月17日，罗纳尔迪尼奥正式宣布挂靴，通过Instagram个人账号，一代巨星梅西感谢了罗纳尔迪尼奥当年对自己的提携和帮助。

梅西写道："像我一直说的那样，在你身边，我学到很多东西。当我初到（巴萨）更衣室时，你使一切都变得容易，我会永远因此而感谢你。我有幸与你共同经历了很多事情，我非常快乐。除了皮球在脚下时是个'现象'级球员，你还是一个伟大的人，这是最重要的。尽管你已经决定退役，但足球永远不会忘记你的微笑，永远不会。一切都好，罗尼。"

第六部分

北京奥运会、米兰和弗拉门戈

（2008-2012）

01.

"贱卖"给米兰　撒手310万欧元

巴萨不要罗纳尔迪尼奥了，有人抢着要。2008年7月15日，两届世界足球先生签约米兰。英超劲旅曼联、切尔西和曼城也向罗纳尔迪尼奥伸出橄榄枝，曼城开价3200万欧元，米兰只出价2500万欧元，但他还是选择了意甲豪门。罗纳尔迪尼奥与米兰的合同为期三年，可以优先续约一年，他的年薪为650万欧元。

米兰给出的条件远不如曼城，为何巴萨还把罗纳尔迪尼奥卖到米兰？原因是他本人更喜欢米兰，他坚持要去那里踢球。在米兰阵中，有卡卡、帕托、迪达和埃莫森等巴西球员，他在那里适应起来会更容易，这是一个主要的原因。为了让巴萨同意"贱卖"他，罗纳尔迪尼奥放弃了相当于转会金额15%的签字费，那差不多有310万欧元。

加盟米兰，罗纳尔迪尼奥穿不上10号，10号红黑球衫属于荷兰中场西多夫。意大利前锋吉拉迪诺穿的是11号球衣，他在那个夏天被卖给了佛罗伦萨。如果罗纳尔迪尼奥喜欢的话，他在米兰可以穿11号。但最终，他选择了80号，80是他出生的年份。

西多夫没把10号球衫拱手相让，不是因为他对罗纳尔迪尼奥有意见。意大利比较保守，意甲俱乐部对老将比较尊重。按照意甲的习惯，一名球员可以…直穿同一个号码的球衣，直到他离开。老将不愿意让出号码，新来者不能跟他争。

瘦死的骆驼比马大，落魄凤凰强过鸡。尽管遭巴萨清洗，又是"贱卖"到米兰，但罗纳尔迪尼奥的号召力还在。7月15日官宣他加盟的消息之后，米兰的赛季套票几小时之内就卖出5200多套。7月16日，罗纳尔迪尼奥驾临米兰，共有4000球迷到机场

接机。7月17日亮相圣西罗球场，共有4万球迷到现场欢迎他。罗纳尔迪尼奥选中80号球衣之后，短短一个小时时间，印有他名字的米兰80号球衣就卖出了3000件。

不过，也存在担心和怀疑。与巴萨和球员本人签约之前，对罗纳尔迪尼奥现状担忧的米兰俱乐部要求他做了反兴奋剂尿检。尿检呈阴性，米兰才放心地签字。有意大利媒体和球迷指出，罗纳尔迪尼奥已是明日黄花，他在米兰不会踢成功。可不管外界怎么说，米兰还是拿罗纳尔迪尼奥当块儿宝，甚至在放他参加北京奥运会问题上破了例。

北京奥运会上，巴西队主教练邓加兼任巴西国奥主帅。三名超龄球员中，他本想招年初刚刚当选世界足球先生的卡卡。可米兰非常难说话，就是不放人，理由是奥运会不是国际足联比赛。

奥运会上，巴西国奥总得有个大腕儿压阵吧？米兰不放卡卡，邓加征召了罗纳尔迪尼奥。巴西国奥需要罗纳尔迪尼奥，他也极想参加北京奥运会，这算是两全其美。

2007年8月访华时，罗纳尔迪尼奥向中国"飞人"刘翔赠送自己签名的巴萨10号球衣。

可没想到的是，最终他也成了米兰球员。如果米兰还是不放人，巴西国奥怎么办？

不过，这一回米兰表现得通情达理。7月16日罗纳尔迪尼奥抵达米兰，米兰俱乐部就表态，说它同意放罗纳尔迪尼奥代表巴西打北京奥运会。而此前巴西国奥征召卡卡，意大利国奥征召中卫博内拉，米兰都没放人。并非一视同仁，米兰对罗纳尔迪尼奥网开一面。

米兰也给出了解释："我们尊重他对巴西足协所做的承诺，那在他转会米兰之前发生。如果他当时就是米兰球员，他去不了。但他是一周后才签约米兰，因此跟博内拉和卡卡不同，我们允许他去。"

当然了，放罗纳尔迪尼奥打北京奥运会，米兰还有另外一层考虑。因为伤病原因，自3月9日起，罗纳尔迪尼奥就没为巴萨上过场。放他去北京，利用奥运会帮他恢复状态和体能，找找比赛节奏，这对米兰有利。既然是好事，何不顺水推舟，卖个人情？

02.

北京奥运会上输给梅西

2006年德国世界杯上，罗纳尔迪尼奥状态低迷。巴西队被法国队淘汰第二天，他就回了巴塞罗那，当晚就去了夜总会。这样的态度让巴西足协对他很有意见。2008年北京奥运会，巴西队主帅邓加兼任巴西国奥主教练。以邓加的本意，三名超龄球员中，他会带上2007年世界足球先生卡卡。

可奥运会不是国际足联赛事，米兰坚决不放人。2008年7月7日，邓加公布北京奥运会巴西国奥18人名单。退而求其次，他征召了罗纳尔迪尼奥。当时，罗纳尔迪尼奥还是巴萨球员。邓加招他，是不得已而为之。

2006年7月接过巴西队教鞭之后，邓加一度成绩不错。2006年下半年6场友谊赛，巴西队5胜1平保持不败。不过，2007年首战，巴西队就0比2完败给斯科拉里执教的葡萄牙，邓加第一次听到下课声。同年委内瑞拉美洲杯，罗纳尔迪尼奥和卡卡都请假，邓加率"二队"出战仍然夺冠，摆脱了下课危机。

2007年10月，南非世界杯南美区预选赛燃起战火，前6轮巴西队仅2胜3平1负。2008年6月友谊赛，桑巴军团还史上第一次输给委内瑞拉，而且是0比2完败。北京奥运会前，邓加帅位再度岌岌可危。

舆论要求换帅，巴西足协却力挺邓加。看到卡卡不能参赛，巴西国奥缺少一位核心和大牌，巴西足协主席特谢拉就接触了罗纳尔迪尼奥。平心而论，邓加不想招刚刚伤愈的罗纳尔迪尼奥。但由于执教成绩不佳，他说话没底气，只能接受巴西足协主席的安排。

2008年北京奥运会男足赛事半决赛，巴西国奥0比3不敌阿根廷国奥，赛后梅西上前安慰罗纳尔迪尼奥。

2008年6月18日，南非世界杯南美区预选赛第6轮，巴西队主场迎战阿根廷。比赛在米涅朗球场举行，受特谢拉邀请，罗纳尔迪尼奥乘坐私人飞机飞到米纳斯吉拉斯州首府贝洛奥里藏特看球。

在米涅朗球场包厢里，跟罗纳尔迪尼奥一起看球的还有特谢拉和球王贝利。特谢拉恳请罗纳尔迪尼奥出山，去打北京奥运会。他说："我和全巴西都希望罗纳尔迪尼奥回来。"

特谢拉邀请罗纳尔迪尼奥到位于里约州内地的巴西国足基地进行恢复性训练，但他却喜欢待在老家。那样的话，他可以和家人在一起。至于训练，则可以在阿雷格里俱乐部进行。在哥哥名下的俱乐部训练，罗纳尔迪尼奥有回家的感觉，但效果就不敢保证了。

北京奥运会男足赛事8月7日开打，8月23日决出冠军。2000年悉尼奥运会，罗纳尔迪尼奥品尝过失利滋味。北京奥运会是他最后一次冲击奥运金牌的机会，他不想浪费掉。但3月9日之后，他已经5个月没打比赛。上一次他为巴西队出战，还是2007年11月21日对乌拉圭世预赛。北京奥运会上，他会有怎样的表现？

事实证明，巴西国奥要想小组出线还是很轻松的。小组首战对比利时，巴西国奥1比0取胜。第二战对新西兰，巴西国奥5比0大胜。那场比赛，罗纳尔迪尼奥梅开二度，打进第3球和第4球。小组末战对中国国奥，巴西人3比0取胜，以小组头名身份出线。

1/4决赛对喀麦隆，巴西国奥2比0轻取。半决赛上，他们的对手是阿根廷国奥。在巴西国奥，罗纳尔迪尼奥身披10号黄衫。在阿根廷那边，10号属于梅西。那是一对巴萨前队友首次在场上兵戎相见，不过在北京工人体育场，风头却被别人抢走。阿圭罗梅开二度，里克尔梅点球建功，阿根廷国奥3比0击败巴西国奥。巴西国奥输球又输人，中场蒂亚戈·内维斯和后腰卢卡斯比赛末段被红牌罚下。

决赛上，阿根廷国奥1比0击败尼日利亚国奥，蝉联奥运会男足金牌，梅西第一次成为奥运冠军。三四名争夺战，巴西国奥3比0大胜比利时。罗纳尔迪尼奥的奥运金牌梦彻底破灭了，他只拿到了一块铜牌。

03.

为南非世界杯而战

罗纳尔迪尼奥老矣？他尚能饭否？他没老，尚能战！

在米兰的头两个赛季，昔日无所不能的罗纳尔迪尼奥似乎又回来了。2008/2009赛季，他上场43次，打进11球，奉献8次助攻。2009/2010赛季，他57次上场，打进17球，另有17次助攻。尽管那两个赛季米兰没拿到冠军，但罗纳尔迪尼奥的表现证明为他所花的钱值得。

在米兰努力踢球，罗纳尔迪尼奥是想参加2010年南非世界杯，是想重新成为世界最佳球员。2002年韩日世界杯，尽管巴西队全胜夺冠，但在威名远扬的"巴西三R"中，年仅22岁的他只是罗纳尔多和里瓦尔多的配角。2006年德国世界杯上，罗纳尔迪尼奥顶着两届世界足球先生的光环，但他留给世人的印象只是失望，巴西队1/4决赛遭法国队淘汰。2010年在南非，他想打第三届世界杯。

北京奥运会上表现低迷，罗纳尔迪尼奥饱受批评。但那段时间，卡卡有伤在身，长期缺席巴西队的比赛。因此，2008年下半年和2009年3月份的三场南美区世预赛和一场友谊赛，邓加重用了罗纳尔迪尼奥，并让他重新穿上10号黄衫。那四场比赛，巴西队踢得差强人意，取得2胜2平的战绩，但邓加对罗纳尔迪尼奥不满意。

2009年4月1日，卡卡时隔数月后重返国家队，世预赛对秘鲁首发出场。卡卡重新穿上10号黄衫，沦为替补的罗纳尔迪尼奥改穿16号。比赛在阿雷格里港举行，巴西队3比0取胜。第77分钟，邓加派罗纳尔迪尼奥上场，让他在家乡父老跟前露了一下脸。米兰80号上场时，巴西队已三球领先。那场比赛过后，邓加再没招过他。

2010年5月11日，邓加公布南非世界杯巴西队23人名单，罗纳尔迪尼奥榜上无名。不过，当天晚些时候，巴西足协官网公布了一份七人备选名单，上面有罗纳尔迪尼奥的名字，算是邓加对他的"安慰"。

对于不招罗纳尔迪尼奥，邓加的解释是他在巴西队踢得不好。邓加说："我得根据理智来做出决定，他在俱乐部的表现令我感兴趣，但我更感兴趣的是他在国家队的表现。我不能操心所有的东西，在表现举止方面，我跟任何球员都没有矛盾。我得根据技术层面的因素来做决定，数据决定了征召与否。"

邓加不招罗纳尔迪尼奥，在巴西国内引起争议。2010年南非世界杯上，邓加把全部赌注都押在当时效力皇马的前米兰金童卡卡身上。可卡卡受伤病困扰，在世界杯上没能发挥出全部水平。另外，邓加巴西队号称"世界最佳防反球队"，南美区世预赛排名第一，成绩不错，但中场缺乏创造力和变化。从这两点来看，巴西国内认为邓加不招罗纳尔迪尼奥是个败笔。

南非世界杯上，卡卡伤病仍未痊愈，他带伤上阵，发挥得极其一般，小组第二战对科特迪瓦还吃到红牌。1/4决赛上，巴西队在上半场1比0领先的大好形势下遭荷兰队2比1逆转。如果邓加不是那么保守和执拗，而是带上30岁的罗纳尔迪尼奥，巴西队在南非世界杯上的历史可能会部分改写。

无缘南非世界杯，罗纳尔迪尼奥很生气。5月19日接受蒙特卡罗电台采访，他表示他不会观看南非世界杯。"我会支持巴西队，但我不会看世界杯。我喜欢踢球，而不只是看。"

同年9月，接受法国体育报《队报》采访，罗纳尔迪尼奥说，巴西队在南非世界杯上的比赛，他一场没看。"我一场比赛都没看，哪场都没看。我最喜欢的是踢球，而不是在电视机前枯坐90分钟。我没耐心。"

在那次采访中，罗纳尔迪尼奥还炮轰了邓加："（世界杯之前的那个赛季）在欧洲没有哪个巴西球员踢得比我好，我应该得到征召。我踢得像当年在巴萨时那样好，可是人们已经习惯了。"

04.

邓加公报私仇？

2010年世界杯，邓加没招罗纳尔迪尼奥去南非。于是巴西国内有人说，邓加还记得罗纳尔迪尼奥当年在州联赛决赛上对自己的羞辱，所以才不招他。如果真是那样的话，邓加实在是太小肚鸡肠了。事实上，邓加不招罗纳尔迪尼奥打南非世界杯，是觉得他已不复从前，带上也没用。

南非世界杯后，邓加遭巴西足协解职。一年之后，赋闲在家的邓加再次解释了他为什么不招罗纳尔迪尼奥打世界杯。邓加指出，罗纳尔迪尼奥缺乏态度，是因为态度的问题他才没冒险招他去打南非世界杯。

邓加说："我们到德国打比赛，我对卡卡和罗纳尔迪尼奥说，在巴西队里我只是一个很不错的配角，而他们应该是关键球员。如果他们也只是不错的配角，那就可以打比赛，也可以不打比赛，从而不被招进巴西国家队。机会没给他吗？我不愿意说罗纳尔迪尼奥的坏话，所有的话我都跟他说了，他也承认。可他从来没有态度。"

不过，有一件事似乎说明邓加并没有忘记当年所受过的羞辱。2015年1月，接受英国《442》杂志采访，邓加给出了自己心目中的理想11人阵容，那里面有他自己，却没有罗纳尔迪尼奥。

在邓加的理想阵容中，门将是塔法雷尔，两名中后卫是阿尔代尔和斯特法诺·皮奥利。右后卫是布兰科，左后卫是罗伯特·卡洛斯，中场是毛罗·席尔瓦、邓加自己和卢博斯·库比克，前场三人则是里瓦尔多、罗纳尔多和罗马里奥。邓加

理想阵容的替补球员是迪达、马尔西奥·桑托斯、齐达内和巴乔，他选出的理想主教练是当年在佛罗伦萨带过他的瑞典人埃里克森。

邓加选出的理想11人很是任人唯亲。塔法雷尔、阿尔代尔、布兰科、毛罗·席尔瓦、罗马里奥、罗纳尔多、马尔西奥·桑托斯是1994年美国世界杯冠军队成员，里瓦尔多在1998年世界杯上跟他做过队友。当年在意甲佛罗伦萨，意大利中卫斯特法诺·皮奥利和捷克国脚卢博斯·库比克是邓加的队友。

邓加不招罗纳尔迪尼奥打南非世界杯，两届世界足球先生跟四冠队长结了仇。2011年9月，已经回巴西踢球的罗纳尔迪尼奥作为嘉宾参加了一档名为CQC的娱乐节目。节目中，主持人问了罗纳尔迪尼奥几个有趣的问题。

第一个问题是在球场上他会放铲哪个人，选项有邓加、罗纳尔多和贝卢斯科尼等人。犹豫了一下，罗纳尔迪尼奥问主持人："是要铲伤对方的那种铲球吗？"主持人回答说："可以是铲伤对手的那种。"罗纳尔迪尼奥马上给出答案："邓加！"

2013年5月5日，巴西环球台"精彩体育"节目专访罗纳尔迪尼奥，节目中回放了他当年在南里奥格兰德德比战上羞辱邓加的画面。主持人问罗纳尔迪尼奥："当年这一幕你还记得吧？"罗纳尔迪尼奥回答说："记得。那是预留给他的，那已经有了地址。我当时想再多过他几次，可他逃脱了。我说的是事实。"

05.

离开米兰回巴西

无缘南非世界杯所造成的打击太大，罗纳尔迪尼奥彻底灰心了，他更加放纵自己。在米兰，他的夜生活更加无度。

2010年11月20日，意甲第13轮，米兰主场迎战佛罗伦萨。比赛前一晚，罗纳尔迪尼奥去观看了一场桑巴音乐表演。米兰年轻巴西前锋帕托也被他带坏，跟他一起鬼混，那导致帕托与巴西女演员斯特芬妮·贝里托结婚几个月后就离婚。

罗纳尔迪尼奥怀念着巴塞罗那的夜生活，有一次他甚至专门飞往巴塞罗那，只是为了逛夜店。西班牙媒体评论说，以那种玩法，罗纳尔迪尼奥兑现不了他对米兰老板贝卢斯科尼的承诺——重新成为世界最佳球员。

2010/2011赛季的罗纳尔迪尼奥不幸被西班牙媒体言中。赛季上半段，他只为

在AC米兰，罗纳尔迪尼奥跟贝克汉姆做过队友。

米兰打了16场比赛，进了1个球，另有4次助攻。在米兰的首赛季，主教练是安切洛蒂。第二个赛季，主教练换成巴西同胞莱昂纳多。2010/2011赛季，米兰主帅换成阿莱格里。对罗纳尔迪尼奥不满意，意大利少壮教练不想再要他。

在欧洲混不下去了，回巴西的话，罗纳尔迪尼奥还是香饽饽。前东家格雷米奥、里约豪门弗拉门戈和圣保罗豪门帕尔梅拉斯都有意于他。2010年12月底，罗纳尔迪尼奥随米兰队在迪拜冬训。不过，2011年1月1日，迪拜时间上午10点15分，他乘坐航班飞回巴西。离开之前，两届世界足球先生跟米兰队友们一一话别，他的欧陆生涯结束了。

三家巴西俱乐部争抢罗纳尔迪尼奥，哥哥兼经纪人阿西斯举行了一场"大拍卖"。对于罗纳尔迪尼奥，米兰很失望，盼着他早走，因此在转会费上不会狮子大张口，基本上是半卖半送，赔钱赚吆喝。但问题是罗纳尔迪尼奥的年薪太高，巴西俱乐部经济状况又都不好，那成了他回归国内的一大障碍。

回巴西国内踢球，罗纳尔迪尼奥索要年薪1500万雷亚尔。当时的汇率是1欧元兑换2.2雷亚尔，1500万雷亚尔就相当于680万欧元。格雷米奥、弗拉门戈和帕尔梅拉斯都是巴西豪门俱乐部，都比较有钱。但光是给罗纳尔迪尼奥开工资，就要花去它们年收入的至少12%左右。

弟弟在阿雷格里港老家休息静等，阿西斯跟感兴趣的三家俱乐部展开车轮谈判。

2011年1月6日，罗纳尔迪尼奥在里约宣布与米兰解约。图中，左一为哥哥兼经纪人阿西斯，右二为米兰俱乐部副主席加利亚尼。

格雷米奥一度以为自己接近与罗纳尔迪尼奥签约，甚至就连球员本人也表态说他喜欢为老东家踢球。帕尔梅拉斯提高了年薪，想以此来吸引罗纳尔迪尼奥。但最终，他还是跟弗拉门戈谈妥。退出谈判时，格雷米奥和帕尔梅拉斯都觉得被当猴儿耍了，它们只不过是在陪太子读书，成了罗纳尔迪尼奥方面压弗拉门戈抬价的工具。

1月9日，弗拉门戈基本上跟米兰俱乐部和罗纳尔迪尼奥方面达成协议。1月10日，罗纳尔迪尼奥正式成为弗拉门戈球员。1月12日，他正式亮相加维亚训练中心。有两万球迷到现场欢迎他，俱乐部女主席帕特里夏·阿莫林甚至把他的到来定义为"世界最佳球员在世界最大俱乐部"。

罗纳尔迪尼奥跟弗拉门戈签约四年，合同2014年年底结束。在弗拉门戈，他月薪130万雷亚尔，夺冠会另有奖金。为了得到他，弗拉门戈给了米兰300万欧元转会费。如果合同还没结束，罗纳尔迪尼奥要转会巴西其他球队的话，解约金高达3.25亿雷亚尔。

06.

加盟弗拉门戈是个错

实际上，罗纳尔迪尼奥加盟弗拉门戈是个错误的决定。

跟米兰一样，弗拉门戈也是红黑战袍，它是巴西足坛一家豪门俱乐部。当年，巴西首都还是里约热内卢，巴西其他地区足球又不发达，作为首都球队，弗拉门戈在里约之外也球迷众多，是巴西国内球迷最多的球队。俱乐部百余年历史上，涌现出一大批巨星，以"白贝利"济科为代表人物。1981年，弗拉门戈曾包揽解放者杯和丰田杯冠军。

可自20世纪90年代起，由于管理和经营不善，弗拉门戈衰落了。1992年巴甲夺冠之后，弗拉门戈曾长达17年无冠，到了2009年才又一次捧杯。罗纳尔迪尼奥加盟弗拉门戈，俱乐部上上下下、媒体和球迷对他期望值很高。但要像中兴巴萨那样帮助弗拉门戈重新崛起，难度会非常大。

选择弗拉门戈，选择里约，罗纳尔迪尼奥肯定考虑了儿子。若昂和母亲雅纳伊娜住在里约，在弗拉门戈踢球的话，要想看儿子很方便。但罗纳尔迪尼奥忘了，作为一个旅游业非常发达的城市，里约也是个夜店之城，他有可能抵御不了诱惑。

实际上，哥哥阿西斯希望弟弟回格雷米奥或加盟帕尔梅拉斯。阿雷格里港城市比较小，而圣保罗是一个商业城市，那里的人更爱工作、更勤奋，可供花天酒地的地方更少，夜生活不如里约多姿多彩。可毕竟是弟弟在踢球，他想去里约，阿西斯拗不过他。

加盟弗拉门戈，罗纳尔迪尼奥还惹恼了巴西队前主教练斯科拉里，当时他正执

教帕尔梅拉斯。大菲尔在韩日世界杯上带过罗纳尔迪尼奥，当年在格雷米奥执教时带过哥哥阿西斯。他本以为可以借当年的师生情把罗纳尔迪尼奥带到巴甲绿衫军，结果却被戏耍了。

斯科拉里很生气，但火不能往罗纳尔迪尼奥身上撒，只能骂他哥哥。"言而无信的是阿西斯，他谈妥了一切。1月2日，帕尔梅拉斯高层打电话给我，说一切都谈好了。如果我在卖一杯水，我要价1000雷亚尔，你给了我1000雷亚尔，我就得卖。在参与谈判的所有人中，阿西斯是大错特错的。帕尔梅拉斯做事太规矩了，太正确了，太彬彬有礼了，太绅士了。可在当今足坛，有太多的人没有羞耻感。"

加盟弗拉门戈，罗纳尔迪尼奥和哥哥还忽略了另外一点。圣保罗州是巴西第一经济强州，圣保罗人更有钱，球队也更有钱。由于市场更大，在品牌营销方面做得更好，圣保罗球队的赞助和广告收入更多。由于俱乐部经营和管理得更好，进入21世纪后，圣保罗州球队的成绩也更好。相比之下，里约州球队就要差些，没那么有钱，成绩也不好。

罗纳尔迪尼奥年薪那么高，里约球队根本吃不消，就连号称全巴西球迷最多的弗拉门戈也负担不起。为了支付他的高工资，像巴西大多数球队一样，弗拉门戈只能找赞助商来分担。但如果球队成绩不佳，得不到回报，赞助商会逃离。那样一来，罗纳尔迪尼奥的工资能不能按时到账就成问题了。

2011年1月12日，罗纳尔迪尼奥亮相弗拉门戈，身边为俱乐部女主席帕特里夏·阿莫林。

07.

回巴西队当队长　梦想奥运会和世界杯

　　罗纳尔迪尼奥加盟后的前七个月，是他跟弗拉门戈的蜜月期。

　　那年的里约州联赛1月19日开打，5月15日决出冠军。里约州联赛分上下半程，上半程叫瓜纳巴拉杯，以怀抱里约城的那个著名海湾的名字命名，下半程叫里约杯。按照里约州联赛规则，如果上下两个半程冠军不是同一支球队，就要打主客场两回合的总决赛；如果冠军是同一支球队，总决赛就不用打了。

　　2011年里约州联赛，弗拉门戈包揽瓜纳巴拉杯和里约杯，总决赛不用打了，州联赛冠军也是弗拉门戈。就那样，刚在弗拉门戈待了四个月时间，罗纳尔迪尼奥就拿到三个冠军。州联赛上，罗纳尔迪尼奥13次出场打进4球。有他上场的13战，弗拉门戈8胜5平未尝败绩。

　　对于罗纳尔迪尼奥，弗拉门戈上上下下视若神灵。2月3日，州联赛对新伊瓜苏，罗纳尔迪尼奥完成首秀。除了10号球衣，主教练卢森博格还把队长袖标给了他。

　　对于让罗纳尔迪尼奥当队长，卢森博格的解释是："球队中得有领袖，队长的袖标会一直戴在罗纳尔迪尼奥臂上。很长一段时间，济科都是弗拉门戈的队长，罗纳尔迪尼奥也得明白他在队中的重要性。"

　　在弗拉门戈受到如此宠爱，4月初接受《米兰体育报》采访，罗纳尔迪尼奥说他不后悔回巴西。"我非常满意，自从2011年年初以来，我没错过一场比赛。能够回家踢球，我感觉非常好。我不后悔我做出的决定，那对所有人都好。足球就是这样。"

　　那年巴甲联赛于5月20日拉开帷幕，罗纳尔迪尼奥发挥得更好。巴甲总共38轮，

他只缺席了7轮。31战，他总共打进14球，另有7次助攻。巴西杯上，他5战1球1助攻。南美杯上，他3战进2球。整个一年，他为弗拉门戈52次上场，打进21球，奉献8次助攻。对于一位年过三旬的老将，这是不俗的数据。

巴甲联赛共有20支球队参赛，巴西足坛豪门众多，因此巴甲联赛争夺异常激烈，巴甲冠军含金量极高。2011年巴甲上半程，弗拉门戈曾长时间盘踞三甲，多轮坐到了第二位置。但下半年，球队状态出现下滑，最终名列第四，但也获得了打2012年解放者杯资格赛的机会。

在弗拉门戈，罗纳尔迪尼奥踢得最精彩的一战是巴甲第12轮客场对桑托斯。那场比赛，是他跟桑巴新星内马尔两代王者的首次对决，事后被巴西媒体定义为桑巴足坛21世纪最精彩漂亮的比赛。

那一战，主队早早3比0领先。第5分钟和第16分钟，桑托斯前锋博尔热斯梅开二度。第26分钟，内马尔连过数人后破门，那个进球为他赢得当年的国际足联普斯卡什奖。第28分钟，罗纳尔迪尼奥扳回一分。第32分钟和第44分钟，弗拉门戈中场蒂亚戈·内维斯和前锋戴维将比分扳成3比3平。第51分钟，内马尔梅开二度。第68分钟和第81分钟，罗纳尔迪尼奥连入两球，完成个人帽子戏法，弗拉门戈5比4取胜。

在弗拉门戈踢得出色，罗纳尔迪尼奥再度得到巴西队的征召。

2010年11月17日，罗纳尔迪尼奥曾重返国家队。比赛在卡塔尔首都多哈举行，对手是阿根廷。那是时隔19个月后，罗纳尔迪尼奥再度为巴西队登场。那场友谊赛上，罗纳尔迪尼奥和梅西第二次交手。第91分钟，梅西一剑封喉，送给当年导师第二场失利。

从那以后，巴西队新帅曼诺·梅内塞斯好长时间没再招罗纳尔迪尼奥。2011年阿根廷美洲杯，巴西队折戟1/4决赛，内马尔和甘索两位新星受到诟病，梅内塞斯需要为球队寻找新的主角。年轻人还挑不起大梁，甘索又伤病缠身，梅内塞斯想起了在弗拉门戈闪光的罗纳尔迪尼奥。

2011年9月初到2012年2月，巴西队打了8场比赛。除了对加蓬和埃及两战没招本土球员，另外6战，梅内塞斯都让罗纳尔迪尼奥首发出场，并给他10号黄衫加身。有

罗纳尔迪尼奥上场的比赛，巴西队5胜1平。

2011年10月11日，友谊赛对墨西哥，巴西队客场2比1逆转取胜，罗纳尔迪尼奥凭借任意球为巴西队追平比分。他上一次在国家队进球，要追溯到2007年10月17日南非世界杯预选赛主场对厄瓜多尔。那之后，他在巴西队的球荒长达四年多，11场比赛他交了白卷儿。

2011年9月南美超级德比对阿根廷两战、2011年10月对哥斯达黎加和墨西哥友谊赛，罗纳尔迪尼奥还佩戴上队长袖标。南美超级德比，首回合在客场0比0打平，次回合在主场，巴西队2比0取胜。作为队长，罗纳尔迪尼奥第一个举起冠军奖杯。

赛后接受采访，罗纳尔迪尼奥对自己在巴西队的表现很满意，他说他梦想参加2012年伦敦奥运会和2014年本土世界杯。他说："我一步一步地考虑。我的梦想是奥运会夺金，奥运金牌我还从没拿过。那是为了之后能够以最好的状态打2014年世界杯。"

但2011年下半年，因为被欠薪，罗纳尔迪尼奥与弗拉门戈开始闹矛盾，竞技状态也下滑。进入2012年之后，他的发挥更是江河日下。一直到2013年12月23日遭巴西足协解职，梅内塞斯再没招过他。

罗纳尔迪尼奥再度重返国家队，也是最后一次重返巴西队，要等到2013年2月。那时候，巴西队主教练已经换成了斯科拉里，韩日世界杯上他的恩师。

08.

你欠我薪，我痴迷夜生活！

2011年头七个月，参加训练对罗纳尔迪尼奥不是难事儿。他总能准时到达训练场，从未因故缺席。不过从7月份开始，罗纳尔迪尼奥开始频繁出入"非凡之城"里约热内卢的声色场所，夜生活变得越来越不节制，有时候甚至一直玩到第二天凌晨，那引起了弗拉门戈俱乐部的警觉。

弗拉门戈找了哥哥兼经纪人阿西斯，希望他劝弟弟在夜生活方面自我节制一下。弗拉门戈方面也没敢说硬话，只是劝罗纳尔迪尼奥别再抛头露面，别在公共场所夜夜笙歌，他要是喜欢夜生活的话，可以在他位于里约西区巴哈达蒂茹卡的别墅里搞聚会。对于弗拉门戈的规劝，罗纳尔迪尼奥置若罔闻。

俱乐部拿罗纳尔迪尼奥没办法，一个名叫若泽·卡洛斯·佩鲁阿诺的球迷想出一个点子。佩鲁阿诺是弗拉门戈铁粉，也是俱乐部议事会成员。他公布了一个手机号码，把它设成了"举报热线"。凡是有人看到罗纳尔迪尼奥在声色场所花天酒地，都可以打那个电话。接到举报后，佩鲁阿诺会派人进行核实，然后把情况报告给弗拉门戈俱乐部，要求它管束甚至惩罚罗纳尔迪尼奥。

实际上，佩鲁阿诺不是一个人在行动，他得到了弗拉门戈几大球迷组织的支持。至于为什么要设立那个"举报热线"，是因为球迷们对罗纳尔迪尼奥的放纵失去了耐心。

佩鲁阿诺解释说："我们得管管他，像他现在这样鬼混，是不行的，这真是太疯狂了。我跟几家球迷组织的领袖开了会，我们得出结论，这是阻止罗纳尔迪尼奥

再沉湎于夜生活的最好办法。"

佩鲁阿诺他们的计划是，派人对罗纳尔迪尼奥进行"贴身盯防"，由弗拉门戈几大球迷组织的领袖们对他进行"监视"，当有人打电话举报罗纳尔迪尼奥在夜店时，会派人去找到他，尽力劝他离开，让他回家睡觉。

佩鲁阿诺说："我们不会采取过激措施，我们只是想维护他的形象。他会被监视，他太过自由了，这影响了他在赛场上的发挥。"

但球迷们的自发行动没有起到预期的效果，罗纳尔迪尼奥依旧我行我素。他不听话，弗拉门戈也拿他没办法，因为它对不起他，亏欠着他。

罗纳尔迪尼奥月薪130万雷亚尔，其中的30万由弗拉门戈支付，另外100万由Traffic公司承担。Traffic是巴西一家非常有实力的体育营销、经纪和媒体公司，美国私人财团HMTF（Hicks, Muse, Tate & Furst）占其总股本的50%。根据弗拉门戈与Traffic在年年初签订的协议，Traffic每月向罗纳尔迪尼奥支付100万雷亚尔，弗拉门戈2011年的主赞助商由它来谈，用所得赞助收入来部分补偿它的投资。

可是等了好几个月，Traffic也没把主赞助权给卖出去。8月12日，未经Traffic公司同意，弗拉门戈宣布与美国宝洁公司签约。合同到12月份结束，宝洁支付660万雷亚尔。它旗下的吉列剃须刀和金霸王电池的名字，一个印在弗拉门戈球衣的胸前，一个印在背后。

2008年2月，罗纳尔多受伤。2007/2008赛季结束后，米兰与他解约。从2008年9月起，罗纳尔多在弗拉门戈进行恢复训练。他曾表示愿意加盟弗拉门戈，因为小时候他就是弗拉门戈球迷。不过罗纳尔多最终没留在弗拉门戈，而是签约圣保罗豪门科林蒂安，不少弗拉门戈球迷骂他忘恩负义。

2011年2月14日情人节，罗纳尔多因伤病原因挂靴。退役后，他专职打理自己名下的9ine公司。弗拉门戈与宝洁成功签约，就是罗纳尔多居间促成。为此，弗拉门戈给了他97.5万雷亚尔中介费，自己实得562.5万雷亚尔。

1月份签下罗纳尔迪尼奥时，弗拉门戈估计主赞助权可以卖到3000万雷亚尔。没想到8月份它才签下主赞助商，费用也远不如预期，只能打掉牙齿往肚子里咽。可弗

效力弗拉门戈，他只拿到州联赛冠军。

拉门戈签赞助合同没通过Traffic，那惹恼了对方，它暂停支付罗纳尔迪尼奥的工资。

说好的钱拿不到，而且问题也跟自己没有丝毫干系，罗纳尔迪尼奥很郁闷。他流连夜店放纵自己，可能也是一种表达抗议的方式。11月初，弗拉门戈与联合国儿童基金会签订合作协议，主角罗纳尔迪尼奥却没参加合作揭幕仪式。他给出的理由是儿子若昂在学校有些问题，需要他去解决。

11月24日，一段罗纳尔迪尼奥坐在电脑前对着网络摄像头手淫的视频开始在因特网上传播。第二天他发表声明说，那个视频是剪辑的结果，同一天，他的个人官方网站也受到黑客攻击，他和弗拉门戈方面已经向警方报案，查出是谁所为的话，那个人会受到法律的制裁。在网络上查人，无异于大海捞针。后来，那件事不了了之。

弗拉门戈和Traffic起争执，拿不到全额工资的罗纳尔迪尼奥破罐子破摔，那是一个三败俱伤的局面。罗纳尔迪尼奥甚至通过哥哥阿西斯放出话来，尽管与弗拉门戈的合同2014年年底到期，但2012年年初他就可能走人。2011年12月28日，弗拉门戈和Traffic终于达成协议，罗纳尔迪尼奥的工资还是由两方分担。工资问题暂时解决了，罗纳尔迪尼奥不走了！

09.

掰手腕儿没掰赢　名帅因他解职

　　尽管有种种缺点，执教过巴西国家队、皇马和多支巴甲豪门球队的卢森博格是位名帅，也是一位非常有能力的教练。当年首招罗纳尔迪尼奥进巴西队，卢森博格对他有知遇之恩。在弗拉门戈，师徒二人有过一段蜜月期。但最终他俩反目成仇，卢森博格因罗纳尔迪尼奥而遭解职。

　　主帅的眼睛是雪亮的，罗纳尔迪尼奥沉迷于夜生活，训练和比赛质量受到影响，卢森博格早就有所知觉。一开始，对于队内10号训练偶尔迟到、在上午的训练中总是一副睡不醒的样子、在比赛中状态不佳，卢森博格还一味地忍耐。2011年9月、10月和11月，罗纳尔迪尼奥开始习惯性训练迟到。可无论是主教练，还是俱乐部高层，仍睁一只眼闭一只眼。

　　不过，对罗纳尔迪尼奥的行径，卢森博格看不惯。他曾私下里抱怨说："周一到周六，罗纳尔迪尼奥天天晚上去夜总会。到了周日比赛日，他哪里像是在踢比赛，简直踢的就是街头业余足球赛。"

　　罗纳尔迪尼奥在场上的表现越来越糟糕。2011年10月20日，南美杯1/8决赛首回合，主场作战的弗拉门戈竟然遭智利大学队4比0屠戮。10月30日，巴甲第32轮，客场挑战格雷米奥，弗拉门戈2比4败北。

　　10月30日一战是加盟弗拉门戈之后罗纳尔迪尼奥首次与老东家交手，也是他当年转投巴黎圣日耳曼后首次面对格雷米奥。选择弗拉门戈，而非重返老东家，令格雷米奥球迷对他恨之入骨。旧恨又添新仇，球迷们决定在奥林匹克球场好好羞辱他一番。

比赛开始前，有人向进场的球迷分发面额为100雷亚尔的假钞，上面印着罗纳尔迪尼奥的头像。现场警察禁止球迷带假钞入场，查抄了好多，但仍有球迷设法蒙混过关。在看台上，球迷还打出横幅，骂罗纳尔迪尼奥是骗子且见钱眼开。有些字眼儿实在不雅，捎带着把他的母亲也给骂了。

比赛中，罗纳尔迪尼奥表现得暗淡无光，弗拉门戈2比4大败。比赛结束后，格雷米奥球迷仍群情激愤，往场内扔假钞和其他物件。坐上警车，罗纳尔迪尼奥才得以仓皇逃离奥林匹克球场。

可面对格雷米奥球迷的辱骂以及其他过激行为，面对2比4惨败，罗纳尔迪尼奥显得无动于衷。赛后数小时后，他跟朋友们去了他家的庄园聚会，欢会一直持续了两天。

2011年3月，罗纳尔迪尼奥参加里约桑巴大道的狂欢节表演。

对于罗纳尔迪尼奥的做法，队友们和教练组都颇有微词。一位不希望透露其姓名的队友说："他不训练，不能解决比赛，我要到新闻大厅跟媒体聊聊队长身上的这些问题。这样的事还从来没有发生过。"

导致卢森博格和罗纳尔迪尼奥彻底撕破脸皮的是隆德里纳开房事件。

2012年1月初，弗拉门戈到巴西南部巴拉那州小城隆德里纳集训，备战新赛季。卢森博格是一位非常讲求纪律性的主教练，有一天，在弗拉门戈下榻的酒店，他照常在楼道里巡视。在某个楼层，他遇到了罗纳尔迪尼奥。而按照球队的安排，罗纳尔迪尼奥的房间不在那个楼层。

卢森博格询问原因，罗纳尔迪尼奥说俱乐部欠他375万雷亚尔的工资，那让他感到很难过，他在房间里睡不着，所以出来转转。按照规定，球员是不能随便到其他楼层的，卢森博格警告了他。但实际上，罗纳尔迪尼奥是跟一个女人在那个楼层的

一个房间里睡了觉。

对罗纳尔迪尼奥有怀疑，卢森博格查看了酒店的监控视频，又询问了几名酒店工作人员。监控视频显示，罗纳尔迪尼奥确实在酒店里与女人过夜。卢森博格把视频发给了俱乐部副主席拉菲尔·德皮罗。罗纳尔迪尼奥找到俱乐部高层："这段视频要是泄露出去，我会弄死你们。"

弗拉门戈息事宁人，罗纳尔迪尼奥不无得意地说："在那里刮的风，也在这里刮。"这是一句巴西谚语，意思是一切都有可能发生，运气会在你那边，也会在我这边，你别得意忘形，输赢难料。这句话针对的是卢森博格，有明显的威胁意味，表明了罗纳尔迪尼奥的狂妄。

卢森博格忍无可忍，他要求女主席帕特里夏·阿莫林开除罗纳尔迪尼奥。可出于多重考虑，弗拉门戈高层采取绥靖主义。卢森博格不依不饶，发电子邮件给女主席，历数队长罗纳尔迪尼奥的种种不是，非要赶他走不可。结果却是曾执教巴西国家队和西甲豪门皇马的桑巴名帅输了，2月2日被炒鱿鱼，卷铺盖卷儿走人。

罗纳尔迪尼奥到底开没开房？开了。

2011年6月，里约《埃斯特拉报》在YouTube网站上公布了一段酒店监控视频。视频显示，头一天上午9点多，一位女人入住酒店。当天晚上22点半，罗纳尔迪尼奥来与她幽会。30分钟后，大约23时，罗纳尔迪尼奥光着膀子、只穿着运动短裤从房间里出来。第二天凌晨1点14分左右，他又从自己的楼层出来。半分钟后，他已经到了女人的楼层。再从女人的房间出来时，已经是第二天上午9点7分，他还不误吃早餐。

球队集训期间搞女人，铁证如山，但可惜视频公布得太晚了，那时罗纳尔迪尼奥已经离开弗拉门戈签约米涅罗竞技。最冤枉的是卢森博格，主教练名气再大，还是摆弄不了巨星。

10.

靠着，他就能睡着

欠薪问题还是得不到解决，2012年上半年，罗纳尔迪尼奥根本就没好好踢。在弗拉门戈的最后一段时间，训练迟到是家常便饭。在家里，他就换好了训练服，直接到训练场。那样的话，就不用再去更衣室换衣服，节省了时间，他可以晚从家里出来几分钟。训练结束后，他也不跟队友们去更衣室洗澡换衣服，而是坐上副驾驶座位，由一干保镖们护送着回家。

这样吊儿郎当，罗纳尔迪尼奥在场上的表现急速下滑。州联赛，弗拉门戈上下半程都止步半决赛，根本就没夺冠的机会。解放者杯，弗拉门戈排名第三，小组赛没能出线。罗纳尔迪尼奥想打伦敦奥运会，可巴西队兼巴西国奥主教练梅内塞斯哪里还敢再招他？

5月10日，弗拉门戈任命美国世界杯四冠中场津霍为足球经理，希望用他来降伏罗纳尔迪尼奥，可后者根本不买他的账。有一天球队训练，罗纳尔迪尼奥谎称身体不适，没出现在训练场，而是待在更衣室里。津霍让他去球场跑圈儿，他敷衍了事对付了一下。

第二天，当着所有球员的面，津霍狠批前世界足球先生："我初来的那天，你拥抱了我，说会支持我的工作。可按你今天和昨天训练时的状态，你对得起谁？你都对不起自己！这是对你所有队友的不尊重。如果老是这样，我干脆向帕特里夏请辞，走人得了。"

4月初，弗拉门戈去厄瓜多尔打解放者杯小组赛，对手是埃梅莱克。一路上，罗

纳尔迪尼奥困得不行不行的。到了里约国际机场，他都没精神接受采访，话都懒得讲。从候机大厅到飞机的摆渡大巴上，他就打起了盹儿。在飞机上，他更是睡了一路，直到在瓜亚基尔降落了之后才醒。据队友们讲，只要有能靠的地方，他就能睡着。由此可见，他的夜生活是多么丰富多彩，他该有多么困。

抵达瓜亚基尔后，球队吃午饭。女主席帕特里夏·阿莫林来了，所有的队友都站起来迎接，只有罗纳尔迪尼奥坐着没动，脸上还戴着一副墨镜，一副冷冰冰、拒人于千里之外的模样。女主席自觉无趣，没上前跟他搭讪寒暄。

另一次，也是去国外打解放者杯比赛。到了酒店之后，罗纳尔迪尼奥塞给酒店服务员100美元，让他送啤酒到自己的房间。另一次，还是去国外打比赛。在返程的飞机上，罗纳尔迪尼奥带头儿，要求新帅若埃尔·桑塔纳准许球员们喝酒，可教练组没有同意。

弗拉门戈欠薪数月，罗纳尔迪尼奥萌生去意。他和哥哥阿西斯对巴西俱乐部很了解，知道它们的经济状况难比欧洲球会，欠薪的事屡见不鲜。当初跟弗拉门戈签约时，合同中就写进了专门的解约条款。如果俱乐部欠薪两个月或两个月以上，罗纳尔迪尼奥就可以单方解约。

5月26日，巴甲第2轮，弗拉门戈主场迎战巴西国际。罗纳尔迪尼奥上半场点球破门，但主队最终被对手3比3逼平。第76分钟，罗纳尔迪尼奥被换下场。不满意两届世界足球先生的表现，主场球迷对他报以阵阵嘘声。

那是罗纳尔迪尼奥最后一次为弗拉门戈出场。一年多时间，他为里约球队上场72次，打进28球，奉献12次助攻。

11.

哥哥"洗劫"官方专卖店

离开前，罗纳尔迪尼奥与弗拉门戈的关系已经紧张到极点，这从他哥哥兼经纪人阿西斯所做的一件事就可以窥见端倪。

2012年5月22日，下午5点左右，阿西斯到了弗拉门戈总部，直接进了官方用品店。他一口气儿选了40件商品，包括正版球衣、帽子、婴儿衣服。店员们很高兴，阿西斯买那么多，他们的销售提成也少不了。

阿西斯把东西放到柜台上，让店员们找袋子给装起来，店员们欣然从命。可阿西斯这时却说："弗拉门戈拖欠我弟弟的工资，因此这些东西我不会付款。"听了这话，店员们目瞪口呆。但他们马上意识到，阿西斯不是在开玩笑。

店员们跟阿西斯解释，他们做不了主，不能让他白白拿走店里的东西。阿西斯掏出手机，打电话给弗拉门戈俱乐部财务副主席米歇尔·莱韦，说他要带走那些商品。

莱韦也没辙，商品不属于俱乐部，而是赞助商的。他赶紧打电话给弗拉门戈服装赞助商、巴西体育服装用品公司奥林匹库斯，商量怎么解决僵局。可店里的商品并不都是奥林匹库斯生产的，有些是外包给其他公司生产的。莱韦的建议是阿西斯拿的东西由奥林匹库斯埋单，奥林匹库斯当然一口回绝。

莱韦说他马上来找阿西斯解决问题，可他却迟迟不来。莱韦的办公室和弗拉门戈专卖店在同一幢楼里，专卖店在一层，莱韦的办公室在楼上。在店里等了一个半小时，阿西斯等得不耐烦了，他坐电梯上楼去找。过了一会儿，莱韦下来了。面对阿西斯咄咄逼人的攻势，莱韦只得让步。最终莱韦好话说尽，只让阿西斯带走了25

件商品。

作为俱乐部副主席，莱韦可以享受免费得到25件商品的配额，他把自己的那份配额给阿西斯用了。对事情的解决结果表示满意，阿西斯还自掏腰包，购买了两条印有弟弟肖像的浴巾。

不到万不得已的时候，一定不要撕破脸皮，阿西斯那样做是为了缓和尴尬气氛。每条浴巾49.90雷亚尔，他总共付了99.80雷亚尔。花了小钱，缓和了气氛，阿西斯足够聪明。

由于浴巾是特许经营商品，用了罗纳尔迪尼奥的肖像，每卖出一条浴巾，罗纳尔迪尼奥可以拿到属于自己的那份肖像权收益。阿西斯买了两条浴巾，花了不到100雷亚尔，而且其中一部分钱还将流进弟弟的账户。

到弗拉门戈专卖店"抢劫"商品，阿西斯也真干得出来？这件事经新闻媒体报道之后，引起了巨大的反响。阿西斯出面澄清，给出了自己的版本。他说他不是带走了25件商品，而只带走了10件球衣。

他说："我带走10件球衣。事情很简单，我挑好了球衣，让店员们给奥林匹库斯负责人打电话，可是他不在。米歇尔·莱韦到店里解决问题。我没提拖欠工资一事，如果是为了抵债，我可不会只拿那么几件。我拿的球衣算是给我的礼物，礼物每个人都会笑纳。按照合同，特许商品罗纳尔迪尼奥也有权要几件。我想问一下：如果财务副主席有25件球衣的额度，罗纳尔迪尼奥的额度该是多少？在任何时刻，我都没说我要付钱。我没要账单，也没要发票。"

12.

索赔5500万　官司打了四年

5月26日是个星期六，弗拉门戈3比3打平巴西国际。5月27日是个星期日，球队按惯例放假一天。5月28日，球队重新集结，恢复训练。

对巴西国际战前，罗纳尔迪尼奥就跟津霍请了假，不参加周一（28日）的训练。他请假的理由是母亲病了，5月25日做了手术。但29日，罗纳尔迪尼奥也没在训练场现身。

29日晚上，阿西斯和罗纳尔迪尼奥都打电话给津霍，又请了一天假。请三天假的话，罗纳尔迪尼奥应该于5月31日归队训练。但他那天并没出现，弗拉门戈还等来了一个坏消息。

原来罗纳尔迪尼奥早就动了走人的念头，5月10日，他就把弗拉门戈告上了法庭。在起诉书中，弗拉门戈俱乐部是被告，按理该承担他75%工资的Traffic公司的名字也被提及。罗纳尔迪尼奥被欠薪五个月，总计500万雷亚尔。他却要求弗拉门戈赔偿他40177714雷亚尔，其中包括拖欠的工资、拖欠的肖像权收益和罚金。此外，他还主张1500万雷亚尔的精神损失。两项相加，罗纳尔迪尼奥总共索赔5500万雷亚尔。

5月31日，罗纳尔迪尼奥从里约热内卢劳动法院拿到临时裁决令，允许他离开弗拉门戈。当天下午15时，罗纳尔迪尼奥的律师把裁决令送到巴西足协备案。有了那纸裁决令，罗纳尔迪尼奥就成了自由身，可以跟其他球队自由谈判，可以加盟任何球队。同一天，他正式跟弗拉门戈俱乐部解约。

5500万雷亚尔的索赔太离谱，弗拉门戈肯定不会给。它只承认拖欠罗纳尔迪尼

奥肖像权使用费，共计530万雷亚尔。弗拉门戈甚至提出，罗纳尔迪尼奥的违纪行为也给俱乐部造成了损失，它也要求赔偿。不过，里约劳动法院还是支持罗纳尔迪尼奥讨薪，但不同意5500万雷亚尔的索赔额。

2015年，弗拉门戈试图跟罗纳尔迪尼奥达成庭外和解，提出可以向他支付1200万雷亚尔到1500万雷亚尔，但要以分期付款的方式偿清。2016年2月，罗纳尔迪尼奥离开将近四年之后，双方终于达成协议：弗拉门戈赔偿1700万雷亚尔，罗纳尔迪尼奥撤诉。

达成协议之后，罗纳尔迪尼奥2016年3月就拿到500万雷亚尔。另外1200万雷亚尔，弗拉门戈分期赔付，从2016年4月开始，每期支付120万雷亚尔。2017年5月，弗拉门戈公布当年第一季度财报。财报显示，欠罗纳尔迪尼奥的钱已经于2017年1月偿清，最后一笔支付金额为120万雷亚尔。

弟弟跟弗拉门戈打官司，哥哥阿西斯也把里约俱乐部告上了法庭。在阿雷格里港一家法院，阿西斯提出起诉，要求弗拉门戈俱乐部支付拖欠他的100万雷亚尔经纪人佣金，那笔佣金是他居间弟弟加盟应得的费用。弗拉门戈又打输了官司，没办法，它只得掏100万雷亚尔给阿西斯了事。

第七部分

余晖：米涅罗竞技

（2012-2014）

01.

主教练跟哥哥一起拿过巴西杯

2012年5月31日，罗纳尔迪尼奥与弗拉门戈解约。四天后，6月4日，巴甲强队米涅罗竞技正式宣布与他签约。当天，他已经跟球队一起训练。对其状态存有疑虑，米涅罗竞技只跟他签约半年。合同于年底到期，但俱乐部有权续约一年。

其他的因素除外，之所以加盟米涅罗竞技，罗纳尔迪尼奥是奔主教练库卡而来。后来曾执教中超山东鲁能的库卡是巴拉那州人，踢过职业足球。1987年至1989年以及1990年，库卡曾两度效力格雷米奥。而阿西斯则是1987年至1992年身披格雷米奥战袍。球员时代，库卡跟阿西斯有三年多的交集，两人是中场搭档，也是好朋友。

当年，库卡是被后来的巴西名帅、韩日世界杯冠军教头斯科拉里带到格雷米奥的。执教格雷米奥之初，斯科拉里还从梯队发现并挖掘了阿西斯，把他升上一队。库卡的特点是进攻好，能进球，而且防守也好。相比之下，年轻的阿西斯速度快，技术好，进攻能力强，但防守偏弱。在中场，他俩是有益的互补。

库卡跟阿西斯联手，为格雷米奥拿到的最重要冠军是1989年巴西杯。那是第一届巴西杯，格雷米奥以不败战绩夺冠。在夺冠过程中，26岁的库卡身披8号战袍，一人独进6球，是队内头号射手，只比赛事头号射手少一球。尽管年仅18岁，身披7号战袍的阿西斯也是中场绝对主力，他总共打进3球。

当年9月2日，决赛次回合在格雷米奥奥林匹克球场打响。第9分钟，阿西斯大禁区内左脚劲射破门，将比分改写成1比0。不过，第31分钟，累西腓体育开出角球，格雷米奥门将马扎罗皮出击失误，用拳头将皮球打进自家球门。靠那个乌龙球，累

西腓体育扳平比分。

决赛首回合，两队0比0战平。如果次回合两队再打平，累西腓体育将凭借客场进球夺冠。不过，第52分钟，队友长传禁区，库卡门前抢射，将比分改写成2比1。就那样，库卡和阿西斯双双进球，格雷米奥拿到了第一届巴西杯的冠军。

由于当年形成的战斗友谊，库卡和阿西斯的关系没的说。5月31日，罗纳尔迪尼奥与弗拉门戈解约，想要他的球队不少，其中包括2011年1月没弄到他，大骂阿西斯和他弟弟不是在谈转会，而是在搞马戏表演的帕尔梅拉斯。不过，库卡想要罗纳尔迪尼奥。他打电话给阿西斯，罗纳尔迪尼奥加盟米涅罗竞技一事三言两语就敲定了。

由于1989年那个巴西杯冠军，1990年，库卡和阿西斯获得人生第一次打解放者杯的机会。不过，那年解放者杯小组赛上，格雷米奥6战1胜3平2负，积分小组垫底儿，没能晋级淘汰赛阶段。

库卡跟阿西斯没拿到解放者杯冠军，23年后，2013年，他跟阿西斯的弟弟合作拿到了。

02.

穿不了10号就穿49号吧

加盟米涅罗竞技，罗纳尔迪尼奥实际上是"下嫁"。

米涅罗竞技是巴西东南部米纳斯吉拉斯州首府贝洛奥里藏特的一家俱乐部，创建于1908年。一百多年历史上，州联赛冠军它拿了41次，但最拿得出手的冠军是1971年的巴甲冠军。1972年和1997年，米涅罗竞技还拿过两次南美足联杯冠军。那项赛事是南美杯的前身，南美杯相当于欧联杯。

巴西足坛共有12支豪门强队，都出自东南部和南部的经济强州。里约城有达伽马、弗拉门戈、博塔福戈和弗卢米嫩塞，圣保罗州有圣保罗、桑托斯、科林蒂安和帕尔梅拉斯，南里奥格兰德州首府阿雷格里港有格雷米奥和巴西国际，米纳斯吉拉斯州首府贝洛奥里藏特有克鲁塞罗和米涅罗竞技。桑巴足坛传统12强中，米涅罗竞技是过往成绩最差、经济实力最弱、名气最小的。

米涅罗竞技确实没钱。根据巴西一家顾问咨询公司公布的数据，2010年，米涅罗竞技欠债3.19亿雷亚尔，2011年，欠债增加了15%，高达3.68亿雷亚尔。在巴西球队中，米涅罗竞技是欠债第三多的俱乐部，仅次于5.66亿的博塔福戈和4.05亿的弗卢米嫩塞。欠债那么多，创收能力却有限。2011年，米涅罗竞技总收入仅为9980万雷亚尔。

弗拉门戈已被高工资拖垮，米涅罗竞技有实力支付罗纳尔迪尼奥的高年薪吗？事实上，签约米涅罗竞技，罗纳尔迪尼奥要价并不高。据俱乐部主席亚历山大·卡利尔说，两届世界足球先生的工资跟队友们是同一个水准。签约谈判时，罗纳尔迪尼奥甚至向主席表态，他现在的目标不是挣钱，而是重新踢出高水平。

在主帅库卡麾下，米涅罗竞技10号球衫穿在前锋吉列尔梅身上，后者1988年出生。如果罗纳尔迪尼奥想穿10号，可以说是予取予求，如探囊取物。但君子不夺人之美，那样的事，禀性纯真的罗纳尔迪尼奥做不出来，他不愿在比他年龄小、没他名气大的队友面前显得太过霸道。更何况他年中才来，巴甲已开打，他穿10号让吉列尔梅改穿其他号码，在巴西足协注册时又要费一番周章。

既然不能穿10号，干脆就穿49号吧。母亲米格莉娜的病情令罗纳尔迪尼奥伤心欲绝，为了致敬母亲，他选择了49号。在罗纳尔迪尼奥职业生涯中，这又是一个与出生年份有关的号码，母亲米格莉娜出生于1949年。

加盟米涅罗竞技的首次新闻会上，罗纳尔迪尼奥解释了自己的选择："（1949）是我母亲出生的年份，她前不久刚刚做了手术。除此之外，4加9等于13。"

罗纳尔迪尼奥话没说完整，13其实代表着米涅罗竞技。在巴西，有一款非常流行的博彩游戏，名叫"动物彩票"。游戏中共有25种动物，其中第13是公鸡。而米涅罗竞技的吉祥物正是公鸡，它的外号也叫"公鸡"。罗纳尔迪尼奥选择49号，致敬母亲是最主要的。4加9正好等于13，那是无心插柳，歪打正着。

49号球衣，罗纳尔迪尼奥只穿了半年。2013年年初，他与米涅罗竞技续约。这一次，没啥说的了，罗纳尔迪尼奥穿上10号球衣，吉列尔梅则改穿17号球衫。

03.

前先生尚能饭否？

32岁的罗纳尔迪尼奥尚能饭否？好多人怀疑他，包括贝利。

谈及罗纳尔迪尼奥跟弗拉门戈解约，球王说："（弗拉门戈）对罗纳尔迪尼奥所做的是不公正的。（可）他已经不是十年前的那个罗纳尔迪尼奥了。今天，他是一个补缺充数的球员。"

6月3日，罗纳尔迪尼奥签约米涅罗竞技的前一天，有巴西媒体做了一项网上民意调查，询问巴甲球队的球迷是否愿意自己的球队签下他。总共20家巴甲俱乐部，没有哪家的球迷愿意要他。

就连巴西国奥也放弃了罗纳尔迪尼奥。3月14日，巴西国家队兼巴西国奥主教练梅内塞斯公布伦敦奥运会巴西国奥52人预选名单，两届世界足球先生榜上有名。6月7日，罗纳尔迪尼奥和另外16人被剔除出名单。伦敦奥运会，罗纳尔迪尼奥打不上了。

罗纳尔迪尼奥真的山穷水尽、一无是处了吗？至少他本人不那么认为。面对质疑，在加盟米涅罗竞技后的第一次新闻会上，他表了决心："当受到很多批评时，我有东山再起的强烈愿望，我来米涅罗竞技就是为了这个。我想踢出我的最好水平，我充满动力，我希望取得好成绩。我在这里会竭尽所能，帮助米涅罗竞技赢取冠军。"

罗纳尔迪尼奥虽老，但他还能战。2012年巴甲，罗纳尔迪尼奥为弗拉门戈上场两次，为米涅罗竞技出战32场。38轮巴甲，他只缺席4战。身穿49号球衫打的32战，他收获9球，奉献12次助攻。他脸上迷人的笑容又回来了，他的过人依旧神奇而不可思议，他的传球还是那样犀利。

父亲若昂去世之后，母亲米格莉娜又结了婚。10月5日，在阿雷格里港观看了一场退役球员友谊赛之后，64岁的继父范德雷因心脏病突发去世。母亲给罗纳尔迪尼奥打了电话，告诉他继父去世的消息。母亲还病着，继父又去世，这样的打击实在太大。孝顺的罗纳尔迪尼奥担心母亲，怕她受不了如此沉重的打击。

第二天，巴甲第28轮，米涅罗竞技主场对阵菲格伦塞。得知罗纳尔迪尼奥继父去世消息，主教练库卡劝慰了他一番，并说他可以不打第二天的比赛，回老家奔丧。而罗纳尔迪尼奥却说："我不能不上场，如果我不上场的话，那对我母亲是重重一击。我要打比赛，我还会努力争取进球。"

罗纳尔迪尼奥的想法是：如果他因继父的去世不打比赛，母亲就会觉得是她的事情影响了他，母亲会更难过。罗纳尔迪尼奥一定要上场，他要证明自己是个男子汉，不会被击垮。

对菲格伦塞一战进行到第12分钟，罗纳尔迪尼奥为米涅罗竞技首开纪录。进球之后，他跪倒在草地上失声痛哭，并把进球献给前一天去世的继父。那场比赛，罗纳尔迪尼奥一人独进三球，又送出两计助攻，米涅罗竞技6比0大胜。六个进球，他参与了五个。

赛后，罗纳尔迪尼奥没接受采访。不过数小时后，他发推解释了自己当场痛哭的原因。"失去继父我很伤心，今天上场踢比赛我更是难过。不容易，但我想用伟大的发挥致敬他。我把我的进球献给他和我的家人，他留下的空白是无法填补的。"

2012年下半年，为了证明自己宝刀未老，为了宽慰病重的母亲，罗纳尔迪尼奥真是踢得很拼。当年巴甲联赛，米涅罗竞技落后弗卢米嫩塞5分屈居亚军。效力格雷米奥和弗拉门戈，罗纳尔迪尼奥没拿过巴甲冠军。如果2012年能够巴甲夺冠，那将是对他的最好奖赏。

尽管没能巴甲夺冠，罗纳尔迪尼奥的出色发挥还是得到了承认。在巴西著名足球杂志《记分牌》杂志的年度评选中，除了入选巴甲最佳阵容，他还拿到最高奖项金球奖。在巴西足协举办的巴甲评奖中，罗纳尔迪尼奥毫无争议地入选最佳11人阵容，并当选最受球迷喜爱的球星。

04.

长不大的他需要很多的爱

罗纳尔迪尼奥本性天真，爱笑的他像个长不大的孩子。父亲的过早离世，对他的性格形成产生了很大的影响。他不成熟，顶不住压力。

他这样的球员，需要别人宠爱他、善待他、夸奖他。但职业足球是残酷的，媒体和球迷反复无常，甚至忘恩负义。你踢得好时，他们能把你捧上天。你踢得差时，他们马上就翻脸无情，把你说得什么都不是。

自从2006年世界杯后，罗纳尔迪尼奥就走了下坡路，那很大程度上是在巨大压力下的自暴自弃。像巴萨和米兰那样的欧陆豪门，媒体和球迷对球员是非常苛刻的。你拿着天价的年薪，被奉若神明，你就要有与工资和名气相称的发挥。

黯然告别生活了将近十年的欧陆，叶落归根，罗纳尔迪尼奥选择加盟弗拉门戈。弗拉门戈有着辉煌的历史，是里约四大豪门之首，它的球迷也非常苛刻。

米涅罗竞技则不同，它有一定的名气，但难与里约、圣保罗和阿雷格里港的豪门球队相比，它只是个中游球会，要求和目标也不是那么高。米纳斯吉拉斯人相对来说更为厚道，待人更为真诚。在米涅罗竞技，罗纳尔迪尼奥感受到了爱，压力也更小。他重新找回了快乐，重新踢出了快乐足球。

在最初的怀疑之后，米纳斯吉拉斯人为罗纳尔迪尼奥所倾倒，他们喜欢上了他。11月18日，巴甲第36轮，米涅罗竞技主场对阵戈亚尼亚竞技。下半场伤停补时阶段，罗纳尔迪尼奥点球扳平比分。全场响起欢呼声，球迷高喊"罗纳尔迪尼奥留下来"。

那种爱温暖了罗纳尔迪尼奥的心。11月28日，2012年巴甲还剩下一轮才结束，米涅罗竞技就成功地与他续约一年。接受媒体采访，罗纳尔迪尼奥说，正是由于米涅罗竞技球迷的热情，才使他决定留下来。

对于罗纳尔迪尼奥，米涅罗竞技球迷是真心地爱。有时候，球迷做事是不可理喻的，甚至是疯狂的。为了偶像，他们什么事都愿意做，什么都愿意付出。

按理说，科学家较常人更为理性，但那是在他不是狂热球迷的前提下。米纳斯吉拉斯州乌贝兰迪亚联邦大学生物学家安德烈·内梅西奥就是狂热的米涅罗竞技球迷，在为自己发现的一个世界上的新蜂种命名时，他决定致敬罗纳尔迪尼奥。

5月31日，罗纳尔迪尼奥与弗拉门戈解约。当时，内梅西奥和他的研究团队正要把他们的研究成果交给一家科学杂志发表。内梅西奥跟同事们打赌，说米涅罗竞技的机会来了，主席卡利尔肯

第二年，他改穿米涅罗竞技10号球衫。

定会把罗纳尔迪尼奥弄来。

内梅西奥回忆说："卡利尔想签下一名有巨大影响的巨星，他曾想弄来迭戈·弗兰。因此，当罗纳尔迪尼奥离开弗拉门戈时，我心里想：'那就是卡利尔想要的家伙！我打赌他会把他弄来！'说到做到！罗纳尔迪尼奥还没在米涅罗竞技亮相，我们就把向他致敬的文章给了杂志社。那是一个大胆的赌博，风险之高就像卡利尔引进罗纳尔迪尼奥一样。如果他没踢成功，致敬就彻底没有意义了。"

实际上，内梅西奥本想给新蜂种起名罗纳尔迪尼奥。但起名罗纳尔迪尼奥有两个问题。一方面，给新物种起名必须起拉丁语名字，拉丁化之后，罗纳尔迪尼奥就变成了ronaldinhoi或ronaldinhi，内梅西奥和他的团队觉得那两个名字都太丑了。另一方面，内梅西奥及其团队不仅想致敬罗纳尔迪尼奥，他们还想致敬米涅罗竞技的罗纳尔迪尼奥，致敬他效力米涅罗竞技的时光。

该怎么达到这个效果呢？内梅西奥及其团队绞尽脑汁，想了好长时间也想不出个好名字。正巧米涅罗竞技10号球衣已名花有主，罗纳尔迪尼奥选择穿49号。加盟米涅罗竞技之前，罗纳尔迪尼奥穿过不少号码的球衣，但他是第一次穿49号。

灵感从天而降，内梅西奥及其团队决定给他们在大西洋热带雨林中发现的新蜂种起名Eulaema quadragintanovem。在拉丁语里，Eulaema是"兰花蜂"的意思，quadraginta是"四十"的意思，novem是"九"的意思。合起来，Eulaema quadragintanovem的意思是"第49号兰花蜂"，而49号正是罗纳尔迪尼奥在米涅罗竞技第一年所穿球衫的号码。

05.

国家队：最后的重返

　　无缘2012年伦敦奥运会，自2012年2月29日对波黑友谊赛以后，罗纳尔迪尼奥再未得到国家队征召。不过，他不想就此永别黄衫，他还想再为国效力。2013年1月22日，巴西队新帅斯科拉里第一次公布征召名单，罗纳尔迪尼奥榜上有名。2月6日，在伦敦温布利球场，巴西队将挑战英格兰，那是大菲尔重掌国家队教鞭后的第一战。

　　大菲尔接替的是梅内塞斯。由于带队成绩不佳，2012年11月23日，梅氏遭巴西足协解职。同年11月28日，斯科拉里被确定为接班人。柳暗花明，巴西队主帅更迭为罗纳尔迪尼奥重返国家队带来了新希望。

　　2002年韩日世界杯，斯科拉里靠"巴西3R"的精彩发挥为足球王国捧得第五冠。当年那届巴西队中，罗纳尔多、里瓦尔多和罗纳尔迪尼奥熠熠闪光、交相辉映，卡福和卡洛斯等一班悍将也是久经战阵，早就在国际足坛扬名立万。可时隔11年后再掌巴西队教鞭，大菲尔发现他所遇到的情形与当年迥然不同。

　　韩日世界杯上，罗纳尔多和里瓦尔多伤病并未好利索，甚至某些场次要打封闭针才能坚持上场。但他俩毕竟身经百战，经验丰富，有王者气度。罗纳尔多1996年和1997年两度当选国际足联世界足球先生，里瓦尔多也于1999年登顶。1998年法国世界杯决赛0比3的奇耻大辱，使他们经历过挫折之后更加成熟和淡定。何况还有小荷才露尖尖角的罗纳尔迪尼奥，他带给巴西队青春的活力和无限的想象力与创造力。

　　可梅内塞斯留下的却是一个烂摊子。桑托斯金童内马尔好是好，巴西人甚至视他为球王贝利的接班人，但光是一个内马尔肯定独木难支，他身后需要有强大的

中场来支撑起一个舞台，他才能上演他的华丽桑巴独舞。距本土世界杯一年时间上位，斯科拉里没时间把梅内塞斯留下的班底全部推倒重来。可这支巴西队太年轻，太缺乏大赛经验，它需要有一个主心骨。

谁可以做这支年轻巴西队的主心骨呢？环目四顾，或许只有罗纳尔迪尼奥和卡卡可用。两人都是2002年韩日世界杯五冠成员，均当选过国际足联世界足球先生。自2007年卡卡封王之后，巴西足坛后继无人，再没人染指过世界足坛最高个人奖项，桑巴足球青黄不接。如果他俩可用，对巴西队是好事一桩。

从另一方面讲，罗纳尔多和里瓦尔多已经退役，巴西仅剩的两位现役世界足球先生，斯科拉里不能不给机会。在罗纳尔迪尼奥和卡卡之间，斯科拉里更看好前者。

罗纳尔迪尼奥比卡卡大两岁，这是不假。但卡卡自2007年封王之后就走下坡路，他又有过严重伤病，还做过重大手术，在皇马只能坐替补板凳。罗纳尔迪尼奥虽然落叶归根回到巴甲，巴甲水平与欧洲顶尖联赛不可同日而语，但他职业生涯没有过大的伤病。再者说来，在巴西人看来，卡卡只是个靠勤奋取得成功的球员，天赋和才华一般，而罗纳尔迪尼奥则是个天才，水平远比卡卡要高。

或许斯科拉里就是这样想的，所以第一次征召巴西国家队，他招进了罗纳尔迪尼奥，而没招卡卡。正是用人之秋，巴西足球盛况不再，景象很是惨淡，斯科拉里想好好用一下罗纳尔迪尼奥，让他为桑巴祖国发挥一下余热。

06.

回归首秀就演砸

不管是谁做巴西队主教练，肯定都会考虑一下罗纳尔迪尼奥。天纵之才，两届世界足球先生得主，谁敢不用他？谁敢不给他一次机会呢？至少斯科拉里想试试他身上还余存几分功力。

瘦死骆驼比马大。回到巴西队，罗纳尔迪尼奥仍享受着大牌球星的待遇。2013年2月5日，对英格兰战前新闻会，罗纳尔迪尼奥是由巴西足协主席马林"护送"着进入采访大厅。2月6日，斯科拉里新时代首战，罗纳尔迪尼奥的名字上了巴西队首发名单，10号战袍也给了他。

巴西与英格兰一战是为庆祝英足总成立150周年而举办，正巧也是罗纳尔迪尼奥效力巴西国家队的第100战。比赛开始前，他从足协主席马林手中接到了一件纪念球衫，号码是100。

可自己的黄衫第100战，却被罗纳尔迪尼奥演砸了。远离巴西队一年，他在场上根本找不到感觉。第18分钟，罗纳尔迪尼奥传中禁区，英格兰中场威尔希尔手球。主裁判判罚点球，巴西队赢得首开纪录良机。罗纳尔迪尼奥亲自操刀，但他罚出的点球力量不足、角度又正，被英格兰门将乔·哈特扑出。上半场结束后，斯科拉里就换下了他。最终的比分是2比1，英格兰人取胜。

罗纳尔迪尼奥罚点球引起了争议。在巴西队中，官方指定的点球手是新星内马尔。可是罗纳尔迪尼奥拿起了皮球，他想罚，内马尔只得把机会拱手相让。赛后新闻会上，斯科拉里解释说："我们之前规定好了，如果内马尔离得更近，罚球手将

2013年2月6日，斯科拉里重掌巴西队教鞭后首战，罗纳尔迪尼奥在巴西队的第100战，巴西队友谊赛上1比2不敌英格兰。比赛中，巴西队获得点球机会，罗纳尔迪尼奥主罚却被英格兰门将乔·哈特扑出，他补射未果。

2014年巴西世界杯，罗纳尔迪尼奥未获巴西国家队征召，但他的形象仍出现在街头的涂鸦画中，说明巴西球迷依旧爱他。

是他。可是对于罗纳尔迪尼奥那样的巨星，谁也不会让他别罚。"

对英格兰战前，罗纳尔迪尼奥2013年只打了一场比赛，因此他的身体状态尚未调整到最佳。斯科拉里赛后也谈到了那一点，并表示还会再给罗纳尔迪尼奥以机会。4月6日对玻利维亚、4月24日对智利，由于是本土作战，斯科拉里没招旅欧球员。那两场比赛，罗纳尔迪尼奥不仅10号黄袍加身，还佩戴着队长袖标。

但在场上，罗纳尔迪尼奥依旧找不到往日的感觉。那两战过后，斯科拉里就再没招他。2013年4月24日对智利一战，成了罗纳尔迪尼奥黄衫最后一战。那场比赛，他还吃到了一张黄牌。

5月14日，斯科拉里公布了本土联合会杯巴西队23人大名单，罗纳尔迪尼奥和卡卡均榜上无名。卡卡在皇马依旧打不上主力，3月21日对意大利和3月25日对俄罗斯两场友谊赛表现一般，斯科拉里不招前米兰金童是出于竞技水平和身体状态考虑。而罗纳尔迪尼奥则不然，除了斯科拉里新时代上场三次表现差强人意，违纪也是他落选的一个重要原因。

4月24日对智利友谊赛，比赛地点是米纳斯吉拉斯州首府贝洛奥里藏特的米涅朗

球场。按照巴西队教练组的规定，为备战对智利一战，巴西国脚们应该于4月22日19时之前到米纳斯黄金酒店报到，然后全队共进晚餐。

罗纳尔迪尼奥效力米涅罗竞技，相当于在家门口作战。他住在桑塔湖，那是贝洛奥里藏特的一个卫星城，距首府只有35公里的车程。住得最近，可是4月22日到巴西队报到时，他却最后一个才到。

最后一个到也就罢了，谁让他是大牌儿呢。问题是他不仅最后一个报到，还迟到了25分钟。罗纳尔迪尼奥也是好面子的人，他怕引起媒体的关注，造成负面影响。知道自己迟到了，他选择从巴西队下榻酒店的后门进入。

斯科拉里不再招罗纳尔迪尼奥，到底是因为他回归三战表现不佳，还是因为他违纪？相信前者是主因，但后者也很重要。斯科拉里认为罗纳尔迪尼奥不是"团队球员"，而是匹"害群之马"，会带坏年轻球员。

反正不管怎样，自4月24日对智利一战身披10号黄衫上场之后，罗纳尔迪尼奥就再也没得到过斯科拉里的征召。本土联合会杯上，尽管没招他，斯氏巴西队仍五战全胜夺冠。自那以后，巴西国家队的大门彻底对这位前世界足球先生关闭了。

07.

喝了人家水后破人家门　厚道吗？

2013年2月24日，接受巴西环球电视台"精彩体育"节目采访，罗纳尔迪尼奥透露说，母亲米格莉娜生病后，他一度考虑退役，以便可以专心照料母亲，是米涅罗竞技球迷对他的支持和厚爱使他放弃了挂靴念头。

他说："我妈妈生了病之后，我说我没理由再继续踢下去。我觉得我退役的时刻到了，我该去照顾我妈妈。可所有人都给我力量，都支持我。现在，我会在米涅罗竞技一直踢到合同结束。我母亲最近做了检查，肿痛没了，一切都消失了。我从米涅罗竞技球迷那里收到很多信件，所有人都说他们在为我母亲祈祷。他们给了我力量，使我可以继续踢下去。"

罗纳尔迪尼奥感谢米涅罗竞技球迷，表示要争取为他们赢得解放者杯。"米涅罗竞技球迷是最狂热的。谁在我们主场踢球，都会被吓破胆。米涅罗竞技球迷承受了痛苦折磨，球队已经13年没踢过解放者杯，已经41年没拿过巴甲冠军，但每个周末，他们还是会到现场。上帝应该是米涅罗竞技球迷。可以想象一下，如果赢得解放者杯冠军，情况会是怎样。我想象不出来，我觉得他们会狂欢一星期。"

或许母亲的重病使罗纳尔迪尼奥更懂事，而米涅罗竞技球迷的支持和宠爱使他更有责任感，2013年注定是罗纳尔迪尼奥辉煌的一年。

米纳斯吉拉斯州联赛上，罗纳尔迪尼奥率领球队夺冠。尽管只打了6场比赛，他却进了4个球。决赛首回合，米涅罗竞技主场3比0大胜克鲁塞罗。次回合在客场，同城死敌一度2比0领先，是他的进球浇灭了克鲁塞罗反败为胜的希望。除了拿到效力米涅罗

竞技的第一个冠军，罗纳尔迪尼奥还当选州联赛最佳球员。

2013年，米涅罗竞技最重要的赛事是解放者杯，那是"公鸡"时隔13年后重返南美足坛最高水平赛事。2月14日小组首战，主场对巴甲劲旅圣保罗，米涅罗竞技2比1取胜。比赛中，罗纳尔迪尼奥奉献两次助攻。第13分钟助攻前锋若破门的传球尤其值得称道，显示出他的机灵。

当时米涅罗竞技左后卫儒尼奥尔·塞萨尔嘴部受伤出血，可主裁判却没有吹哨暂停比赛。米涅罗竞技进攻，皮球出了右边线，儒尼奥尔·塞萨尔趁机接受简单治疗，比赛暂停。

罗纳尔迪尼奥找到圣保罗门将罗热里奥·塞尼，跟他要水喝。比赛重新开始后，米涅罗竞技右后卫马科斯·罗沙前场掷界外球，把球直接掷给大禁区右侧无人看守的罗纳尔迪尼奥。前世界足球先生传中，插上的若门前推射首开纪录。

按照足球比赛规则，掷界外球时，进攻一方没有越位一说，罗纳尔迪尼奥和马科斯·罗沙巧妙地利用了那个规则。比赛暂停，罗纳尔迪尼奥找塞尼要水喝，圣保罗球员谁也没留心他，没对他进行盯防。或许圣保罗球员根本不熟悉规则，以为他处在越位位置，不能接球。

赛后，罗纳尔迪尼奥要水喝的过程和那个助攻被各大电视台和网站转播，各路媒体齐夸他聪明。不过，那个助攻也引起了争议。刚刚喝了塞尼的水，就翻脸不认人，恩将仇报，马上就助攻队友攻破塞尼把守的球门，那样做是不是有点不厚道？他找到塞尼，只是为了要水喝，还是早就想好了要迷惑对手，要用那种伎俩进球？

接受采访，罗纳尔迪尼奥不承认他早就怀了"鬼胎"："纯粹是运气，我当时什么都没想。我找塞尼要水漱口，裁判示意比赛继续。当我抬头看时，球已经到了我近旁，我很幸运地传球助攻。不是早先预演好了的，不是。纯粹是运气好而已。"

08.

小组赛阶段表现最佳球队

解放者杯上，罗纳尔迪尼奥和他的米涅罗竞技越战越勇。

小组第二战对阿根廷萨兰迪阿森纳，米涅罗竞技反客为主，5比2大胜。那场比赛，罗纳尔迪尼奥参与了本队三粒进球，第88分钟还射失一计点球。第三轮主场迎战玻利维亚最强者，米涅罗竞技2比1获胜。除了第56分钟左路传中助攻若首开纪录，罗纳尔迪尼奥第73分钟还利用点球将比分改写成2比0。

第四轮客场挑战最强者，米涅罗竞技又是2比1取胜。第五轮主场对萨兰迪阿森纳，米涅罗竞技再度5比2大胜，罗纳尔迪尼奥第15分钟和第59分钟梅开二度。第六轮对圣保罗，在五战全胜、已然确保以小组第一身份出线的情况下，米涅罗竞技放了圣保罗一马，以0比2告负。

小组赛阶段6战5胜1负，米涅罗竞技是成绩最好的小组第一。在1/8决赛上，它将对阵成绩最差的小组第二。巧得很，有了米涅罗竞技的"玉成"，圣保罗绝处逢生。作为成绩最差的小组第二，1/8决赛，圣保罗的对手正是同组第一的米涅罗竞技。

小组赛最后一轮"放水"，米涅罗竞技似是有意为之，有挑选对手之嫌。圣保罗是巴西球队，选择它作对手，米涅罗竞技免去了到国外打比赛的舟车劳顿。小组赛阶段两度交手，米涅罗竞技也摸清了圣保罗的实力，1/8决赛打它再合适不过。

事实证明，圣保罗真是米涅罗竞技盘中的菜。1/8决赛，罗纳尔迪尼奥的球队没再顾念同胞情谊，客场2比1、主场4比1，总比分6比2轻松过关。1/4决赛对墨西哥蒂华纳，客场2比2、主场1比1，总比分战成3比3，米涅罗竞技靠客场进球数优势晋

级，解放者杯历史上首次杀进四强。

实际上，米涅罗竞技险些止步1/4决赛。5月31日次回合，蒂华纳率先破门，米涅罗竞技扳平比分。下半场第48分钟，比赛最后一刻，蒂华纳获得点球机会，射门却被米涅罗竞技门将维克托扑出。赛后，罗纳尔迪尼奥仍心有余悸。"我不记得有哪场比赛像这样惊心动魄。最后一分钟，我们被淘汰？我们得祝贺维克托，他救了我们的命。"

半决赛对阿根廷纽维尔老男孩，客场0比2失利，回到主场，米涅罗竞技回敬了一个2比0。半决赛没有加时赛，互射点球，米涅罗竞技先罚，前两轮两队都是两罚两中。第三轮和第四轮，四名球员都射失。罗纳尔迪尼奥第五轮率先出场，他骗过对方门将，轻松将球打进。进球后，他调皮地跑到对方门将跟前，冲他鞠了个躬。维克托也很给力，他扑出对方第五轮点球，米涅罗竞技点球大战3比2涉险过关。

史上首进解放者杯决赛，罗纳尔迪尼奥很开心。赛后接受采访，他说："这是无法解释的快乐。激励我继续踢球的动力是赢得没赢过的冠军。我觉得我又成了小伙子，我为自己的名字写进俱乐部的历史而感到高兴。"

决赛上，"公鸡"的对手是巴拉圭奥林匹亚。奥林匹亚是巴拉圭的一支强队，1979年、1990年和2002年曾三夺解放者杯冠军，2013年是第7次杀进决赛。相比之下，米涅罗竞技只是第五次打解放者杯。此前四次，它最好的成绩是1/4决赛，2013年是它第一次杀进决赛。

优势似乎在奥林匹亚那边，可罗纳尔迪尼奥在米涅罗竞技这边。

09.

解放者杯冠军+南美足球先生

绿茵生涯，罗纳尔迪尼奥冠军拿了不少。2004年和2005年，他还蝉联国际足联世界足球先生。可他渴望拿到解放者杯，那是他奖杯陈列柜里还欠缺的奖杯。

决赛对奥林匹亚，与半决赛对纽维尔老男孩如出一辙。7月18日，米涅罗竞技客场0比2败北。7月25日回到主场，它还了对手一个2比0。加时赛，双方均无建树。点球大战，维克托再显神威。奥林匹亚先罚，第一轮被扑出，第五轮中柱。米涅罗竞技没用罗纳尔迪尼奥出场，前四轮皆中，4比3取胜。

米涅罗竞技俱乐部1908年3月25日创建，105岁的它拿到了史上第一个美洲解放者杯冠军。那也是罗纳尔迪尼奥职业生涯的第一座解放者杯，他在米涅罗竞技创造了历史。除了捧起冠军奖杯，他还当选赛事最佳球员。

夺冠之后，罗纳尔迪尼奥发泄了一番："我脑子里过电影，有好多东西。我回巴西就是为了这个（解放者杯夺冠），这是我没拿过的。全世界都说我已经完蛋了，说这（米涅罗竞技）是被逐者的球队。现在你们接着说吧！"

2013年解放者杯，米涅罗竞技打了14场比赛，罗纳尔迪尼奥悉数出场。他打进4球，贡献10次助攻。整个赛事，米涅罗竞技总共打进29球，14球跟罗纳尔迪尼奥直接有关，那还不算他参与策动的进球。解放者杯14战，他12战打满90分钟，决赛次回合则打满120分钟。

2012年下半年，罗纳尔迪尼奥为米涅罗竞技出战32场，打进9球，贡献12次助攻。2013年，罗纳尔迪尼奥踢了38场比赛，打进17球，奉献13次助攻。2012年和

2013年加在一起，他70战打进26球，另有25次助攻。罗纳尔迪尼奥上场的70场比赛，米涅罗竞技总共打进122球，他通过进球或助攻参与了51球，占了全队总进球数的41.8%。

凭借在解放者杯上的出色表现，2013年12月31日，罗纳尔迪尼奥被乌拉圭《国家报》评选为南美足球先生。罗纳尔迪尼奥得到156票，2013年6月转会巴萨的巴西足坛新星内马尔名列第二，只得到81票。

2004年和2005年，罗纳尔迪尼奥曾当选乌拉圭《国家报》欧洲足球先生。这样一来，他就成为历史上首位既当选过乌拉圭《国家报》欧洲足球先生，也当选过该报南美足球先生的球员。

10.

史上第一人：欧冠+解放者杯+世界杯+世界足球先生

率米涅罗竞技夺得解放者杯冠军之后，罗纳尔迪尼奥成为足球史上首位既拿过解放者杯、欧冠联赛和世界杯冠军，也当选过世界足球先生的球员。

截至目前，拿过解放者杯、欧冠联赛和世界杯冠军的球员只有罗纳尔迪尼奥、卡福、迪达和罗克·儒尼奥尔四人。欧冠联赛是足坛最高水平俱乐部赛事，解放者杯是南美最高水平俱乐部赛事。纵观历史，欧冠和解放者杯双料冠军也不多，罗纳尔迪尼奥有幸成为史上第八人。

第一人是阿根廷左后卫胡安·巴勃罗·索林。1995年4月28日，索林随阿根廷U20在卡塔尔世青赛上夺冠，他随后转会意甲尤文图斯。1995/1996赛季，索林身披尤文图斯战袍只三次替补出场，包括两场意甲联赛和一场欧冠比赛。

在意甲踢不上主力，1996年年初，索林加盟河床，欧冠小组赛对多特蒙德一战成了他在"老妇人"的天鹅绝唱。河床1996年解放者杯夺冠，索林14战只缺阵一场，为河床捧杯立下汗马功劳。1995/1996赛季，尤文图斯欧冠夺冠，但索林早就回了阿根廷。严格意义上讲，索林不是真正的欧冠和解放者杯双冠王。

第二位欧冠和解放者杯双料冠军是阿根廷中场圣地亚哥·索拉里。1996年解放杯，在河床阵中，索拉里是彻头彻尾的替补，一分钟都没上场，但最终却成了冠军。2001/2002赛季，皇马夺得第九座欧冠冠军奖杯，索拉里则是绝对的主力。夺冠历程17战，索拉里14次上阵。

　　第三人是巴西门将迪达。1997年，作为主力门将，24岁的他助克罗塞罗解放者杯夺冠。2002/2003和2006/2007赛季，为米兰把守龙门，迪达帮球队两夺欧冠冠军。第四位是巴西中卫罗克·儒尼奥尔，1999年随帕尔梅拉斯夺得解放者杯冠军，2002/2003赛季在米兰加冕欧冠联赛冠军。

　　第五位是卡福。在"艺术大师"特里·桑塔纳麾下，巴西队前队长1992年和1993年身披圣保罗战袍蝉联解放者杯冠军。2006/2007赛季在米兰，他又成为欧冠联赛冠军。第六人是阿根廷前锋特维斯。他2003年随博卡青年夺得解放者杯冠军，2007/2008赛季效力曼联时成为欧冠冠军。第七人是阿根廷中卫瓦尔特·萨穆埃尔，2000年效力博卡青年夺得解放者杯冠军，2009/2010赛季在国际米兰成为欧冠冠军。

　　在罗纳尔迪尼奥之前，已有四位阿根廷球员、三位巴西球员既拿过解放者杯冠军，又拿过欧冠联赛冠军。罗纳尔迪尼奥率米涅罗竞技夺冠，成为史上第八位解放者杯和欧冠联赛双料冠军，也使南美两强巴西和阿根廷在这项统计数字上打成平手。

　　后来，内马尔和达尼洛也跻身欧冠和解放者杯双冠王行列。2011年，两人帮助桑托斯夺得解放者杯冠军。内马尔2014/2015赛季在巴萨夺得欧冠冠军，达尼洛2015/2016和2016/2017赛季在皇马两捧大耳朵杯。

　　索林、索拉里、特维斯、萨穆埃尔、内马尔和达尼洛都没拿过世界杯冠军，迪达、卡福和罗克·儒尼奥尔拿过世界杯冠军，但和前述六人一样，也没拿过国际足联世界足球先生。截至目前，罗纳尔迪尼奥是足球史上唯一一位既拿过世界杯、欧冠联赛和解放者杯冠军，也当选过国际足联世界足球先生的球员。

　　人生不完美，总有遗憾。在个人奖杯陈列柜里，罗纳尔迪尼奥也缺少一些东西。国家队层面，他拿过世界杯、美洲杯、联合会杯和U17世青赛冠军，但没拿过U20世青赛冠军，也没品尝过奥运金牌的滋味。在俱乐部层面，他没拿过世俱杯、法甲联赛和巴甲联赛冠军。

11.

伤病：日裔针灸专家妙手回春

7月25日夺冠之后，米涅罗竞技已确保2014年解放者杯参赛资格。自那以后，"公鸡"实际上放弃了2013年巴甲。那年巴甲，它只名列第八。罗纳尔迪尼奥和队友们把全部精力都花到备战12月份的世俱杯上。2006年在巴萨时，罗纳尔迪尼奥与世俱杯冠军缘悭一面。这一次，他不想再错过。

可2013年9月27日，在队内训练中，罗纳尔迪尼奥左大腿牵引肌拉伤。其实正式训练还没开始，当时球员们正在进行两脚球传球热身，罗纳尔迪尼奥就受伤了。为了解放者杯夺冠，他真的是拼尽了气力。他已经33岁，频繁而高强度的比赛终于使他腿部的肌肉再也支撑不住了。

核磁共振显示，罗纳尔迪尼奥的左大腿牵引肌完全撕裂。刚开始时，米涅罗竞技队医估计他需要养伤90天。如果真是90天的话，他肯定赶不上世俱杯。因此，不仅罗纳尔迪尼奥自己急，主席卡利尔和主教练库卡也着急。但罗纳尔迪尼奥不愿放弃，不愿在命运面前认输。当天下午，他在推特上发文："我相信！！！"

危难时刻，罗纳尔迪尼奥想起了日裔针灸专家高桥普美雄。高桥普美雄是国际上知名的针灸专家，他出生于日本，19岁时移居巴西，先在一家日企工作，后来开始行医。2013年时，高桥普美雄68岁，行医生涯已近40年。他居住在巴西南方巴拉那州首府库里蒂巴，在那里开有一家诊所。不过，他也去日本行医，因此经常往返于巴西和日本之间。

实际上，年仅8岁时，罗纳尔迪尼奥就认识了高桥普美雄。当时哥哥阿西斯在

格雷米奥踢球，脚踝受了伤。刚开始时，是另一位医生给阿西斯治病，但效果不明显。得知高桥普美雄在治疗运动伤病方面是高手，阿西斯就找到了他。患者和医生就此成了朋友，此后一直保持着联系。

对于高桥普美雄的医术，莫雷拉一家很是信任。2008年3月，罗纳尔迪尼奥在巴萨受伤。哥哥阿西斯打电话给高桥普美雄，让他去巴塞罗那为弟弟治病。通过罗纳尔迪尼奥的介绍，高桥普美雄后来也给德科和梅西疗过伤。

在足球圈和体育圈，高桥普美雄名气越来越响。除了巴萨三星，他还先后为C罗、帕托、西多夫、德罗巴、弗雷德、贝莱蒂、贝克汉姆、罗比尼奥、阿德里亚诺、蒂亚戈·莫塔、蒂亚戈·席尔瓦等世界足坛明星和巴西著名F1车手菲利佩·马萨治过病。

这一次，是罗纳尔迪尼奥亲自给高桥普美雄打的电话。但在他致电之前，母亲米格莉娜已经迫不及待地给日裔医生打了三次夺命追魂电话，让他赶紧去贝洛奥里藏特给儿子治病。

与莫雷拉一家交往多年，高桥普美雄把阿西斯和罗纳尔迪尼奥当亲儿子看待。第二天，他就动身赶往贝洛奥里藏特。最初几天，高桥普美雄几乎24小时陪在罗纳尔迪尼奥身边，和米涅罗竞技队医们一起为他进行治疗。第一个疗程历时一周，每天针灸两三次，罗纳尔迪尼奥的反应还不错。

实际上，整个职业生涯，罗纳尔迪尼奥重大伤病不多，在巴萨和米涅罗竞技的两次是最严重的两次。在高桥普美雄看来，跟2013年的伤病相比，在巴萨时的那次右大腿伤病更为严重，恢复起来也更困难。

高桥普美雄说："当罗纳尔迪尼奥在巴萨受伤时，阿西斯打电话给我，让我去帮忙。那一次，罗纳尔迪尼奥的肌肉开了一个大约一厘米长的口子，他甚至都不能走路。那一次，他恢复了三个月才好。"

高桥普美雄对自己的医术很自信，他承诺一定会让罗纳尔迪尼奥赶得上世俱杯。源自中国的针灸术真是很有效，在高桥普美雄和米涅罗竞技队医的精心治疗下，罗纳尔迪尼奥的伤病得到及时治愈。

伤病康复过程中，为了保护伤腿，罗纳尔迪尼奥一直穿的是普通运动鞋。11月12日，伤后45天，他终于第一次穿上了足球鞋。当天，罗纳尔迪尼奥是一个人单独训练。他练习了头球，还练了练带球。

但要想完全恢复，要想重返赛场，罗纳尔迪尼奥还得再耐心等待将近一个月时间。12月8日，巴甲第38轮，米涅罗竞技主场对阵维多利亚，罗纳尔迪尼奥终于重返赛场。他上一次披挂上阵，还是9月22日巴甲第23轮。

对维多利亚，罗纳尔迪尼奥踢满90分钟。两队2比2战平，罗纳尔迪尼奥包办了主队两粒进球。那场比赛过后，米涅罗竞技俱乐部上上下下终于长舒了一口气，罗纳尔迪尼奥可以踢世俱杯了。

可无论是米涅罗竞技，还是罗纳尔迪尼奥本人，都高兴得太早了。事实证明，他的腿伤并没好利落。在世俱杯上带伤作战，罗纳尔迪尼奥表现暗淡，以一块令人遗憾的铜牌在国际大赛舞台上谢幕。

12.

世俱杯第三+红牌罚下

2013年世俱杯于当年12月11日至21日在摩洛哥举行，南美冠军和欧洲冠军直接晋级半决赛。欧冠冠军是拜仁慕尼黑，解放者杯冠军是米涅罗竞技。赛前，舆论普遍看好它们会师决赛。

12月9日，米涅罗竞技登机离开贝洛奥里藏特，踏上了球队历史上的首次世俱杯征程。上飞机时，罗纳尔迪尼奥戴了一顶黑白两色的圣诞老人帽。按理说，圣诞老人帽应该是红白两色的。不过，米涅罗竞技球衣是黑白箭条衫，所以罗纳尔迪尼奥戴的帽子是球衣的黑白两色。在白色的帽边处，印着"Mundial. Yes, We C.A.M."（世俱杯，我们米涅罗竞技可以）。

2008年，奥巴马赢得美国总统大选。在竞选宣传中，奥巴马团队提出的口号是"Yes We Can"（是的，我们可以；是的，我们做得到）。解放者杯半决赛对纽维尔老男孩，米涅罗竞技首回合客场0比2败北。次回合前，为提升士气，米涅罗竞技将士穿上

2013年12月21日，世俱杯三四名争夺战，罗纳尔迪尼奥第45分钟攻破广州恒大队球门后庆祝。那是他在国际大赛舞台上的最后一战，那场比赛，米涅罗竞技3比2险胜。

第87分钟，被犯规倒地后报复性蹬踢广州恒大后腰赵旭日，罗纳尔迪尼奥被直接红牌罚下场。

了印有"Yes We C.A.M."字样的黑色圆领衫。

这仿效的是奥巴马竞选口号中的Yes We Can，C.A.M.是米涅罗竞技俱乐部（Clube Atlético Mineiro）的首字母缩写。在葡萄牙语里，Cam和Can发音近似。因此，Yes, We C.A.M.的意思是"是的，我们米涅罗竞技可以"。戴那顶黑白颜色的帽子，罗纳尔迪尼奥表达了必胜的信心。

12月18日半决赛，米涅罗竞技对阵东道国球队卡萨布兰卡。第51分钟，主队首开纪录。第64分钟，罗纳尔迪尼奥凭借任意球扳平比分。不过，第84分钟和第90分钟，卡萨布兰卡连进两球，最终3比1淘汰米涅罗竞技。另一场半决赛上，拜仁3比0击败广州恒大。

半决赛翻船，米涅罗竞技错过与拜仁交手的机会。拜仁主帅是瓜迪奥拉，当年罗纳尔迪尼奥离开巴萨，就是因为瓜帅不要他。如果在世俱杯决赛上击败拜仁夺冠，罗纳尔迪尼奥相当于报了瓜帅当年的一箭之仇。可是半决赛就输球，罗纳尔迪尼奥没能进决赛，复仇的机会溜走了。

季军争夺战对亚洲冠军广州恒大，开场仅两分钟，前锋塔尔德利为米涅罗竞技

首开纪录。但亚冠冠军也不含糊，第9分钟，"巴西猎豹"穆里奇扳平比分。第15分钟，恒大阿根廷外援孔卡点球建功。上半场伤停补时第1分钟，罗纳尔迪尼奥扳平比分。第91分钟，米涅罗竞技再进一球，3比2险胜广州恒大。

不过，当队友卢安打进制胜球时，罗纳尔迪尼奥已经不在场上。比赛进行到第86分钟时，广州恒大后腰赵旭日在禁区弧顶处踢倒罗纳尔迪尼奥。倒地后，罗纳尔迪尼奥把球夹在双腿间。赵旭日想把球踢出来，但明显动作过大。还躺在地上的罗纳尔迪尼奥报复性地双脚蹬踹赵旭日，恒大后腰随即倒地，主裁判毫不客气地将米涅罗竞技10号直接红牌罚下场。

第二次打世俱杯，罗纳尔迪尼奥还是没拿到冠军。第一次是亚军，第二次只是第三名，而且还多了一张红牌。唯一的安慰是，打进两球，他成了最佳射手。

13.

告别米涅罗竞技

　　罗纳尔迪尼奥与米涅罗竞技的合同2013年年底到期，那之后，他将成为自由身。土耳其超级联赛球队贝西克塔斯有意于罗纳尔迪尼奥，据说开出600万欧元的年薪，但最终没了下文。

　　2014年1月9日，米涅罗竞技俱乐部主席卡利尔宣布与罗纳尔迪尼奥成功续约。新合同年底结束，罗纳尔迪尼奥月薪35万雷亚尔。但2014年的罗纳尔迪尼奥已不是2013年的他，伤病后遗症严重地影响了他的状态。

　　州联赛上，罗纳尔迪尼奥只出战四次。决赛上，米涅罗竞技与同城宿敌克鲁塞罗0比0打平，后者因循环赛阶段战绩更优而加冕。四次上场，罗纳尔迪尼奥一球未进，就连助攻也没有。

　　解放者杯，米涅罗竞技3胜3平以小组第一身份出线。1/8决赛对哥伦比亚麦德林国民竞技，主场0比0，客场0比1，去岁冠军遭对手淘汰，从而早早出局。解放者杯上，罗纳尔迪尼奥上阵7场，只靠点球打进一球。

　　是年巴甲联赛，罗纳尔迪尼奥只两次出战，寸功未立。南美优胜者杯对阿根廷拉努斯，他两回合倒是都上场，但表现差强人意。

　　7月17日首回合，米涅罗竞技客场1比0小胜，罗纳尔迪尼奥只踢了上半场。7月24日在主场，常规90分钟米涅罗竞技2比3不敌对手，总比分变成3比3。加时赛上，米涅罗竞技连进两球，最终以5比3的总比分夺冠。

　　那是米涅罗竞技历史上的第一个南美优胜者杯冠军，但队中最大牌的罗纳尔

迪尼奥却不是主角。跟决赛首回合一样，次回合他也没踢满全场，第64分钟就被换下。截至7月24日南美优胜者杯夺冠，罗纳尔迪尼奥2014年只为米涅罗竞技出战15场，打进1球。

那样的状态入选不了巴西队，肯定与2014年本土世界杯无缘。5月7日，斯科拉里公布巴西队世界杯23人名单，罗纳尔迪尼奥和卡卡都名落孙山。国际足联世界足球先生评选开始于1991年，除了1994年美国世界杯，1998年、2002年、2006年和2010年四届世界杯，巴西队中至少有一位前先生压阵。本土世界杯上，时隔20年后，巴西队阵中再次没有前先生。这也不怪斯科拉里，他想招，可是卡卡和罗纳尔迪尼奥状态都不佳。

7月8日，巴西世界杯半决赛，巴西队在米涅朗球场1比7输给德国队。7月24日，南美优胜者杯次回合也是在米涅朗举行。实际上，自己状态不佳，对新帅莱维尔·库尔皮屡屡换他下场也不满，罗纳尔迪尼奥早就萌生去意。7月24日一战他本不想打，是在主席卡利尔的反复劝说之下他才勉强上场。

第64分钟被换下场时，罗纳尔迪尼奥跟队友们一一告别。下场前，他还亲吻了球衣胸前的米涅罗竞技会徽，并向现场球迷挥手致意。

那之前，接受采访，米涅罗竞技四位史上巨星都说罗纳尔迪尼奥在米涅罗竞技的辉煌时代已经画上句号，他该离开了。前辈名宿说得也有道理，这时走，戴着解放者杯冠军和史上伟大巨星的光环走，是最为合适的。真等表现实在太糟、球迷破口大骂时而不得不走，他的形象会受损，他与球迷之间的好感也会荡然无存。

罗纳尔迪尼奥也意识到，是他该走的时候了。7月25日，前巴萨队友德科在葡萄牙波尔图举行退役告别赛。罗纳尔迪尼奥收到邀请，主教练库尔皮准了他的假。但他却没去葡萄牙，他本人的说法是错过了航班。按理说，没去打德科告别赛，他应该到球队报到，但他却再也没露面。

7月28日，罗纳尔迪尼奥的哥哥兼经纪人阿西斯与米涅罗竞技主席卡利尔在后者家中会晤，谈妥了弟弟解约一事，卡利尔随后宣布米涅罗竞技跟罗纳尔迪尼奥和平分手。

14.

米涅罗竞技史上最佳？

实际上，南美优胜者杯后走人，是早已做出的决定。

2014年1月第二次续约，罗纳尔迪尼奥与米涅罗竞技的合同2014年12月到期。不过，续约时双方同意，2014年7月，打完南美优胜者杯，如果罗纳尔迪尼奥想走，米涅罗竞技会放他走。

在公布罗纳尔迪尼奥离开消息的新闻会上，卡利尔也证实是球员本人主动要求离开，决定早已做出。卡利尔透露，在南美优胜者杯之前，阿西斯就找了他，要跟他谈弟弟的未来。卡利尔回答说，南美优胜者杯前不宜聊这件事，他答应优胜者杯过后与阿西斯坐下来谈。

罗纳尔迪尼奥的提前离开并不令人感到意外。2013年9月大腿严重拉伤后，他的状态不复从前。未能入选巴西队，无缘本土世界杯，34岁的他失去了最后的动力，状态进一步下滑。球迷和媒体的批评声不绝于耳，他早就萌生去意。离开米涅罗竞技，他想去美国职业足球大联盟发展。那里的工资高，球队水平低，竞争不是那么激烈。

在米涅罗竞技两年，罗纳尔迪尼奥上场85次，打进27球，贡献29次助攻。年过三旬，他的状态与巴萨时代的巅峰期不可同日而语，差距甚至可以以光年计。但在米涅罗竞技，罗纳尔迪尼奥重新找回了踢球的快乐。尽管不复当年之勇，但他毕竟天赋异禀，能力远超同侪，稍稍收一下心，略微发挥一下，他就帮助米涅罗竞技拿到了史上第一个解放者杯冠军。

由于解放者杯冠军的缘故，米涅罗竞技球迷非常感谢罗纳尔迪尼奥，有人甚至

说他是米涅罗竞技史上最伟大的球星。在罗纳尔迪尼奥率队拿到俱乐部105年历史上首个解放者杯冠军之后，米涅罗竞技史上最伟大球星雷纳尔多心服口服地让王位给晚生后辈。当时雷纳尔多发推说："我放弃了'公鸡之王'的宝座，我把它给了两届世界足球先生罗纳尔迪尼奥。"

罗纳尔迪尼奥到底该怎么定位？他是不是米涅罗竞技俱乐部历史上最伟大的球星？

米涅朗球场1965年9月5日启用，2015年正值它50岁诞辰。贝洛奥里藏特当地媒体搞了一项网上民意调查，其中的两个问题是：在米涅朗球场50年历史上，最伟大的米涅罗竞技球星是谁？最伟大的米涅罗竞技队是哪支？

根据球迷投票的结果，排名第一的最伟大球星是前辈前锋雷纳尔多。效力米涅罗竞技，他475战打进255球，是俱乐部史上最伟大射手，人称"米涅朗之王"，名列第一当之无愧。

2013年解放者杯夺冠门将维克托名列第二，解放者杯冠军前锋塔尔德利名列第三，罗纳尔迪尼奥只居第四。不过，罗纳尔迪尼奥得票不高，可能跟他离开米涅罗竞技之后因被欠薪1000万雷亚尔跟俱乐部起纠纷有关。另一方面，可能也跟他只效力米涅罗竞技短短两年有关。

但在另一个问题上，球迷们没有任何异议。在米涅朗球场50年历史上，最伟大的米涅罗竞技队无疑是2013年夺得解放者杯冠军的那支球队。而在那支球队中，罗纳尔迪尼奥是领袖核心和最大牌球星。如果没有他，可能就不会有解放者杯第一冠。从这个角度讲，罗纳尔迪尼奥是米涅罗竞技史上第一人，是最伟大的巨星。

第八部分

退役 + 历史定位

（2014-2018）

01.

签约墨西哥"白公鸡"

　　离开米涅罗竞技之后，罗纳尔迪尼奥没能如愿以偿，去美国职业足球大联盟"养老"。由于已经34岁，欧洲球队也没人要他。他跟其他巴甲球队也有过接触，但没谈成。2014年7月28日跟米涅罗竞技解约，9月5日，他才有了新东家，新东家是墨西哥克雷塔罗。

　　克雷塔罗是墨西哥超级联赛球队，罗纳尔迪尼奥已经跟它谈了一段时间。9月5

2014年9月5日，罗纳尔迪尼奥签约墨超球队克雷塔罗。

日是墨超球员注册截止日，通过推特个人账户，罗纳尔迪尼奥宣布谈判成功。米涅罗竞技绰号"公鸡"，克雷塔罗外号"白公鸡"。职业生涯末期，罗纳尔迪尼奥跟"公鸡"们结下不解之缘。

当时，罗纳尔迪尼奥人已经在克雷塔罗城，已经跟俱乐部正式签了合同，合同为期两年。在克雷塔罗，他也穿49号球衣。当时，墨超秋季联赛已经战罢7轮，克雷塔罗名列第8。

墨超共有18支参赛队，分春季联赛和秋季联赛，产生两个冠军。春季联赛和秋季联赛的赛制是一样的：在常规赛阶段，18支球队打单循环，前8晋级附加赛，从1/4决赛、半决赛打到决赛，最终决出冠军。

对于罗纳尔迪尼奥的到来，墨西哥舆论普遍表示欢迎。由于毒品走私和治安等问题，此前还没有过国际大牌球星到墨超踢球。很多墨西哥人认为，罗纳尔迪尼奥的到来会给克雷塔罗带来大量广告和赞助收入，会提升墨超的知名度，会给墨西哥足球带来革命性的影响。新闻会上，罗纳尔迪尼奥也信誓旦旦："我还没在墨西哥拿过冠军，我想在这里书写历史。"

9月12日，墨超秋季联赛第8轮，克雷塔罗主场迎战普埃布拉，罗纳尔迪尼奥的见面会被安排在中场休息时举行。从没见过那样的大牌球星，又是周五，克雷塔罗城万人空巷。当地人纷纷赶往球场一睹前世界足球先生的真容，造成城市交通几近瘫痪。

大千世界，无奇不有。有狂热的球迷，也有根本就不喜欢足球的人。克雷塔罗州前社会发展州务秘书卡洛斯·努涅斯在"脸书"上发文："事实上我很宽容，但我仇视足球和它所导致的愚蠢现象。我更恨人们充斥了街道，让我在回家路上多耽搁了两个小时。所有这一切都是为了看一只猴子。是巴西人，不过是猴子。这是一个荒谬的马戏团。"

努涅斯的话有强烈的种族歧视色彩。罗纳尔迪尼奥是黑人，而不少有种族优越感、心存种族歧视的白人称黑人为猴子。在克雷塔罗俱乐部的抗议下，努涅斯不得不正式道歉："因我不恰当的言论，我向罗纳尔迪尼奥表达诚挚的道歉。我为此承

担所有责任。无论作为球员，还是作为一个人，罗纳尔迪尼奥都应得到尊重。"

9月18日，2014/2015赛季墨西哥秋季杯小组赛对老虎队，罗纳尔迪尼奥为克雷塔罗首次上场。2014年后四个月，他总共为"白公鸡"出战10次，打进3球。11月23日，秋季联赛常规赛结束，克雷塔罗名列第12，未能晋级1/4决赛。球队放了假，罗纳尔迪尼奥回了巴西。

12月初，克雷塔罗重新集结，备战2015年1月开打的春季联赛。为了照顾罗纳尔迪尼奥，球队给他多放了几天假。可是直到12月下旬，他还没回来，也不跟球队联系。他"失踪"了。

12月21日是个星期日，接受当地电台采访，忍无可忍的克雷塔罗俱乐部主席华金·贝尔特兰隔空喊话，向罗纳尔迪尼奥发出最后通牒："如果他下周再不来，我们将采取措施。他错过了赛季备战期的大部分，没有谁可以凌驾于俱乐部之上。"

罗纳尔迪尼奥不回来，是因为他要在巴西过圣诞节。12月26日，过完圣诞，他才姗姗迟来，回克雷塔罗报到。与原定的报到日期相比，他迟到了三个星期。

对于罗纳尔迪尼奥的违纪行为，克雷塔罗俱乐部很气愤。但他毕竟是大牌，轻易不敢得罪。可球迷那里也得有个交代，于是克雷塔罗俱乐部就撒谎说，他晚回来是因为要在巴西处理个人事务。

02.

跟克雷塔罗解约

2015年上半年，罗纳尔迪尼奥为克雷塔罗打了19场正式比赛，总共进了5球。春季联赛，克雷塔罗成绩倒还可以，第一阶段单循环常规赛排名第6，杀进了8强。

1/4决赛对韦拉克鲁斯，克雷塔罗主场2比1取胜，客场2比2打平，以4比3的总比分晋级。半决赛对帕丘卡，克雷塔罗客场0比2告负，主场2比0取胜，总比分战成2比2平。常规赛阶段，克雷塔罗排第6，帕丘卡排第7，"白公鸡"因第一阶段成绩好而晋级。

决赛对拉古纳，首回合客场0比5败北，次回合主场3比0取胜，克雷塔罗以3比5的总比分屈居亚军。6月1日打完春季联赛决赛次回合，罗纳尔迪尼奥就回巴西度假。当时，主教练乌塞蒂奇就说他有可能离队。

乌塞蒂奇说："这要取决于多个因素，但我们的想法确实是从某个时刻起，他将不再跟我们在一起。从市场角度讲，他是个巨大的成功。他水平很高，但球队需要在所有方面都能有帮助的球员。墨西哥足球需要正处于上升期的球员，而非已处于陨落期的球

效力克雷塔罗时的罗纳尔迪尼奥。在那里，他仍穿49号球衣。

员。这对提高墨西哥联赛的水平非常重要。"

果不其然，不到一个月，罗纳尔迪尼奥和克雷塔罗就解除了合同。巴西时间6月20日凌晨，前世界足球先生通过社交网站个人账户发表声明，说他已不再是克雷塔罗球员。同天，克雷塔罗俱乐部也正式宣布，经过双方协商同意，它和罗纳尔迪尼奥分道扬镳。

罗纳尔迪尼奥跟克雷塔罗提前解约，是必然的结果。

刚加盟克雷塔罗时，整个墨西哥都对罗纳尔迪尼奥期望值很高，墨西哥人亲切地称呼他为"迪尼奥"。克雷塔罗去客场打比赛，对手球场的门票都好卖。他稍有发挥，就连对方球迷都会为他鼓掌喝彩。

罗纳尔迪尼奥有过进球和助攻，有过偶尔的灵光闪现，但他与克雷塔罗的蜜月没能持续长久。过了一段时间，他的懒散病又犯了。训练迟到，有时候根本就不来。圣诞假期回巴西度假，他晚归三周。

在墨西哥，罗纳尔迪尼奥的夜生活照样丰富多彩。他经常邀请巴西朋友去看他，其中不少是女孩子，由他负责交通费和食宿。35岁生日那天，他接待了不少来自巴西的亲友。

在球场上，罗纳尔迪尼奥的表现却越来越不抢眼，与他前世界足球先生的名气和高昂的薪水不符。2014年10月18日打进个人墨超第三球之后，他再为克雷塔罗进球已是2015年4月18日，中间隔了半年时间。

球踢得不好，脾气却挺大。5月22日，春季联赛半决赛首回合，客场对阵帕丘卡，克雷塔罗0比2落后，第41分钟还被罚下一名中卫。下半场开始时，主教练乌塞蒂奇换下了罗纳尔迪尼奥。他非常生气，下场前跟主教练争吵了几句。之后，他直接去了更衣室，比赛还没结束就离开了球场。

作为惩罚，半决赛次回合，主教练没派罗纳尔迪尼奥上场。主场作战，克雷塔罗回敬对手一个2比0，靠第一阶段排名优势晋级决赛。罗纳尔迪尼奥公开道歉，才获得主教练的原谅。

5月29日决赛首回合，客场对拉古纳，罗纳尔迪尼奥首发出场，可球队0比5惨败。6月1日次回合，克雷塔罗主场3比0取胜，但还是没能拿到冠军。

不守纪律，不敬业，耍大牌，夜生活无度，就算罗纳尔迪尼奥不主动提出，克雷塔罗也会跟他解约。

2014年9月5日与克雷塔罗签约两年，罗纳尔迪尼奥在那里只待了不到9个月。效力"白公鸡"，他出战25场，打进8球。他与冠军无缘，只拿到个墨超春季联赛亚军。

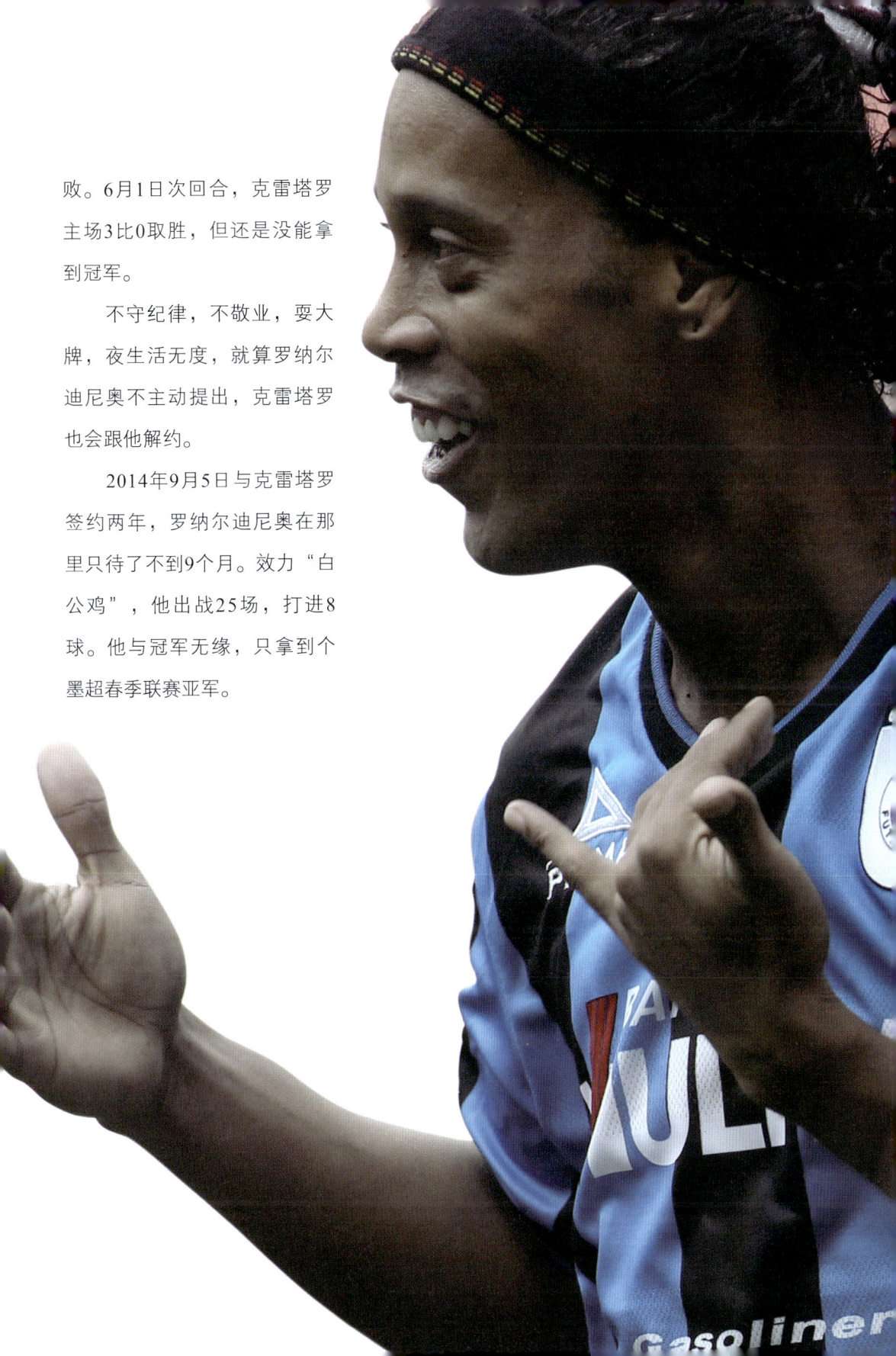

03.

弗卢米嫩塞：80天 0进球 0助攻

对于35岁的罗纳尔迪尼奥，还是有人不死心。6月20日和克雷塔罗解约，7月11日他就跟里约巴甲豪门弗卢米嫩塞签约。合同为期半年，年底到期。

8月1日，巴甲第16轮，主场对阵老东家格雷米奥，罗纳尔迪尼奥身披新东家10号战袍首次上场。他跟格雷米奥仇深似海，当年转会巴黎圣日耳曼结怨，2011年年初没回老家而是加盟弗拉门戈，他再次被格雷米奥球迷骂作忘恩负义只认钱。对阵格雷米奥，罗纳尔迪尼奥想复仇。

那一战，罗纳尔迪尼奥打满90分钟，还拿到一张黄牌，弗卢米嫩塞1比0小胜格雷米奥。但那一战和8月8日巴甲第17轮客场对阿瓦伊，是他仅有的打满全场的比赛。接下来的四战，他都是首发出场，但下半场就被换下，其中包括8月30日巴甲第21轮对米涅罗竞技一战。

那场比赛，弗卢米嫩塞在主场马拉卡纳球场作战，却1比2不敌对手。比赛中，罗纳尔迪尼奥几乎所有的长传都失误，而且没有一脚射门。第68分钟被换下场时，主场球迷对他报以阵阵嘘声。

赛后，罗纳尔迪尼奥到客队更衣室看望了米涅罗竞技前队友，前队友卢安还把合影发到了网上。作为主力大牌，自家球队输球，罗纳尔迪尼奥却无动于衷，反而去祝贺对手。弗卢米嫩塞球迷很不爽，队友们也不高兴。连续四场被换下，罗纳尔迪尼奥也不快乐。

9月2日，巴甲第22轮，弗卢米嫩塞客场挑战领头羊科林蒂安，罗纳尔迪尼奥因

伤缺阵。因为连续被换下而怄气，他有可能是诈伤。不过，队中另一位大牌、2014年世界杯巴西队主力9号前锋弗雷德却真是有伤在身。两位大牌都缺阵，弗卢米嫩塞客场0比2完败给科林蒂安。

9月6日，巴甲第23轮，弗卢米嫩塞对弗拉门戈的里约德比。那么重要的比赛，弗雷德还是因伤上不了场。罗纳尔迪尼奥没进首发名单，但进了比赛大名单。两届世界足球先生怎能坐在替补席？那该有多丢人？脸往哪里搁？更何况对阵的是弗拉门戈，双方之前不欢而散，怎能让它看自己笑话？罗纳尔迪尼奥拒绝坐到替补席。

那样的态度把队长和球队领袖弗雷德给惹火了。在更衣室里，他冲耍大牌的罗纳尔迪尼奥说了狠话："谁是好人，谁想穿这件球衣，那他就跟我们在一起。谁不想穿，那他干脆走人。"

罗纳尔迪尼奥哪受得了这个？他推说嗓子疼，当即就离开了马拉卡纳。他拍屁股走人，连比赛都不看，更是激怒了弗雷德和主教练恩德森·莫雷拉。作为惩罚，第24轮和第25轮巴甲，罗纳尔迪尼奥连比赛大名单都没进。

9月16日，巴甲第26轮，弗卢米嫩塞主场迎战帕尔梅拉斯。那场比赛，弗卢米嫩塞首开纪录，却被客队狂进4球。罗纳尔迪尼奥一直枯坐在替补席上，一分钟上场时间都没捞到。赛后，主教练恩德森·莫雷拉立马被解职。

新帅爱德华多·巴普蒂斯塔走马上任，罗纳尔迪尼奥的境况仍没有改观。巴甲第27轮客战黑桥，巴西杯1/4决赛首回合对格雷米奥，他都是替补登场。9月26日，巴甲第28轮，主场对戈亚斯，罗纳尔迪尼奥时隔39天后再度首发。不过，他只打了45分钟。那场比赛，弗卢米嫩塞2比0取胜，首开纪录者正是弗雷德。

事后，巴普蒂斯塔透露，受不了主场球迷在上半场的嘘声，是罗纳尔迪尼奥自己提出下半场不打的。主教练劝他下半场继续上场，把比赛踢完。他却回答说："我觉得我已经受够了。"

在弗卢米嫩塞，罗纳尔迪尼奥越来越郁闷。两任主教练麾下，他都只能打替补。跟队内老大弗雷德水火不投，他是后来者，对方已经待了好多年，他话不多，人老实，有点受欺负。

2015年7月11日，罗纳尔迪尼奥与巴甲豪门弗卢米嫩塞签约，那是他职业生涯最后一家俱乐部。图为2015年7月19日，罗纳尔迪尼奥身穿10号三色球衣到马拉卡纳球场与球迷见面。

2015年8月1日，巴甲联赛第16轮，弗卢米嫩塞主场迎战格雷米奥，罗纳尔迪尼奥首次代表弗卢米嫩塞披挂上阵。

　　弗卢米嫩塞球迷非常苛刻，罗纳尔迪尼奥感觉压力山大。他出战9场，球队4胜1平4负。当初签约时，弗卢米嫩塞巴甲暂排第二。到了第28轮，球队已降到第12名。不少人把责任推到他身上。

　　种种因素叠加在一起，使罗纳尔迪尼奥觉得在弗卢米嫩塞已经待不下去了，他决定跟球队解约。9月28日晚，在罗纳尔迪尼奥家里，弗卢米嫩塞副主席、阿西斯和罗纳尔迪尼奥正式签了解约文件。

　　职业生涯，罗纳尔迪尼奥总共效力8支俱乐部球队。在弗卢米嫩塞，他待的时间最短，只有80天。代表弗卢米嫩塞，他只9次上场，0进球，0助攻。

04.

迟到两年多的退役

2015年9月26日为弗卢米嫩塞打了最后一场比赛，罗纳尔迪尼奥那时就已成了前球员。但之后长达两年多时间，他一直不正式宣布退役。或许他对绿茵还有恋栈，他还想复出再踢一段时间，以更光彩的方式落幕。其间，也传出种种绯闻，但他一直没找到新的下家。

2018年1月16日，巴西《环球报》"好人"专栏刊登对罗纳尔迪尼奥的哥哥兼经纪人阿西斯的采访，他正式宣布弟弟挂靴："他停下来了。结束了。"

第二天，1月17日，通过Instagram网站个人账号，罗纳尔迪尼奥亲口证实自己退役的消息并发表挂靴感言：

"感谢上帝我的主，他给了我这生活，给了我家庭、朋友和我的第一份职业！！！在献身足球几近30年之后，我告别我最大的梦想，那是已经圆了的梦！！！我做了我最爱的事情，20年作为职业球员，10年作为梯队球员。

我满怀激情地经历了这一儿时的梦想。每一刻，每次旅行，每次胜利，每次失败，每次总结，每次当国歌奏响，每次走过球员通道，每次进更衣室，每次登场，我穿过的每双球鞋，我踢过的或好或差的皮球，我赢得的致敬，我与之同场竞技的巨星，我倾慕并与之并肩作战的巨星，还有那些只在足球游戏里一起踢过但我直到今天依然景仰的巨星！

一言以蔽之，一切都好得令人难以置信！！！我的父亲和我的家庭帮助我很多，我才得以抵达这里，这是团队努力工作的结果。我们到达了第一阶段的终点，

2008年8月23日，北京奥运会男足决赛及颁奖仪式在鸟巢举行，马拉多纳向领取了铜牌的罗纳尔迪尼奥表示祝贺和安慰。惺惺相惜，马拉多纳非常喜欢罗纳尔迪尼奥，喜欢他的足球风格。

有许多美丽的故事可以讲述。

你们了解我，知道我很腼腆，我没有讲太多话的习惯。但我要向你们说声非常感谢，这发自内心，发自纯洁的心灵。因为我做了我喜爱的事情，在所有主教练、体能教练、教练组成员、俱乐部领导、球迷（支持的或反对的）、大巴车司机、服装管理员、球童、裁判和媒体的帮助下。

感谢你们，我们联手书写了这段历史。没有你们，什么都不会实现。

现在，我在这里表达我的非常感谢。在很长的时间里，那句著名的'感谢你，足球'（Gracias Vieja）是我的灵感和动力之源。

感谢所有的人，感谢你们发来的鼓励话语和表达的爱！！！一个有力的拥抱，使（足球）这项运动成为我的生活和职业，我感到非常幸福。"

罗纳尔迪尼奥正式宣布退役后，除了当年在巴萨的"徒弟"梅西，世界足坛许多巨星和前巨星也向他表示致敬。

　　球王贝利在社交网站个人账户中写道："罗纳尔迪尼奥，你把微笑带到所有人脸上。我希望你能盘带过掉生活中所有的挑战，就像你在绿茵场上所做的那样。"

　　阿根廷前辈巨星马拉多纳则说："我非常喜欢你的足球，罗纳尔迪尼奥。做人方面，你也是国王。我非常爱你。"

　　桑巴后辈巨星内马尔则写道："成了你历史的一部分真是一种荣幸，我会一直记得你在场上的快乐。你留下了一笔遗产，它在艺术足球中很难被打败。感谢你为足球爱好者所做的一切。"

　　西班牙国家队和皇马前门将卡西利亚斯写道："你给我带来过痛苦，但是作为足球爱好者，看你踢球对我来说是一种享受。你真是个天才！"

　　巴西队前左后卫罗伯特·卡洛斯写道："非常感谢你为我们、为足球所做的一切。你一直是使我们得以享受这项运动的人之一。非常感谢你的魔法。"

05.

历史定位：成就与天赋不匹配

    时间如一条奔流不息的长河，人类则不断繁衍生息。1863年10月26日，英格兰足球协会成立，现代足球诞生。算起来，现代足球已经有150多年的历史。在这期间，绿茵场上涌现出无数的巨星，他们像晴朗夜空中的繁星，个个熠熠闪光。那么，在足球历史的长河中，对于罗纳尔迪尼奥该如何定位呢？

    对罗纳尔迪尼奥进行定位之前，首先需要定义一下他是一位怎样的球员，他的

2017年6月30日，在诺坎普球场，巴萨传奇队1比3不敌曼联传奇队。比赛中，罗纳尔迪尼奥和里瓦尔多、戴维斯联袂作战。

足球风格是什么。

巴西著名记者、《圣保罗页报》专栏作家、该报编委会成员路易斯·纳西夫1950年5月24日出生，在2014年8月的一篇专栏文章中，他提出一个观点，说罗纳尔迪尼奥是足球史上最habilidoso的球员。

纳西夫说，他看过贝利和加林查踢球，也看过里维利诺、济科、罗马里奥和罗纳尔多踢球，还看过贝肯鲍尔、马拉多纳、克鲁伊夫、普拉蒂尼、齐达内和梅西踢球，贝利是不可战胜的，马拉多纳和齐达内也有他们各自的史诗时刻，但在habilidade这个层面，没人能赶得上罗纳尔迪尼奥。因此，他把罗纳尔迪尼奥定义为足球史上最habilidoso的球员。

在葡萄牙语里，habilidade是名词，habilidoso是它对应的形容词。Habilidade和habilidoso的意思很广，有"能力""天赋""智慧""创造力""技术""技巧""灵巧"和"灵活"等意思。

在对罗纳尔迪尼奥进行定位时，纳西夫所用的habilidoso一词应该取的是"技术好""有技巧""灵巧"和"灵活"之意。他认为，罗纳尔迪尼奥是足球史上技术最好、最灵巧的球员。

罗纳尔迪尼奥有天赋，甚至是足球史上天赋最高的球员，也有不少人赞成这种观点。

当年的米兰队友凯文·博阿滕认为罗纳尔迪尼奥是史上最好的球员。他说："当他到米兰时，他已经不处在他最好的状态。但时不时地，当他想展示他能把球踢得很好时，他做出的动作令人印象深刻。在那些时刻，我能意识到，他是世界上最好的球员，比齐达内、贝利和马拉多纳都好。当他不去刷夜，休息得好时，到了训练场上，他对队友说他要穿裆过人。最后，他真的做到了。在一个1.8米高的球员身上，很难找到比那更高的天赋。"

巴萨和葡萄牙国家队前球星德科跟罗纳尔迪尼奥、梅西和C罗都做过队友。在他看来，前者比后两者更具天赋。德科说："C罗年轻，像个运动员，好胜心强。为了做到他现在在巴萨所做到的一切，梅西也需要刻苦训练。而罗纳尔迪尼奥完全是天

然的，他有着特殊的才能。每次我们把球交给他，都会是一个不同的进球。他比梅西和C罗更有天赋。当我们不知道怎么办时，他为你创造出机会。"

对于罗纳尔迪尼奥，还有其他的定义。有人说，他是大师，他是不用借助画笔和乐器的艺术家，他是巫师，他是魔术师，他是幻想者，他最具想象力和创造力，他是舞步梦幻的桑巴舞者，他是加林查第二，他是快乐的化身，他为快乐而踢球，他带着快乐踢球，他是诗人，他是足坛最后一个浪漫主义者。

即使不是技术最好的，即使不是仅次于贝利的，即使不如梅西，罗纳尔迪尼奥肯定也是踢得最快乐、最能给人们带来快乐的球员之一。在这一点上，他或许仅次于"小鸟"加林查。

罗纳尔迪尼奥的笑是最好看的，是最迷人的。他不仅在球场上笑，他在场下也笑。他的笑，如同他精湛的球技，有一种感染人的力量，几乎传染给所有人。他的微笑让人们重新发现，尽管足球越来越功利，越来越讲求结果和比分，速度越来越快，越来越重视力量，但足球的实质应该是快乐。

罗马里奥曾这样评价他："罗纳尔迪尼奥是足坛最后一个浪漫主义者。"马拉多纳曾这样定义他："罗纳尔迪尼奥是唯一一位微笑着踢球的球员。"塞尔维亚籍教练拉托米尔·杜伊科维奇则说："罗纳尔迪尼奥微笑着踢球——他真正热爱足球。"

而罗纳尔迪尼奥自己曾经说过："对我们中的每个人，上帝都会给予一种天赋：歌唱、舞蹈、绘画、写作。上帝给了我一种可能，使我可以让人们通过看我踢足球就能感到快乐。我努力以最好的方式利用我得到的这一机会。我尝试每天都在提高，创造出某个新颖的动作。当在现场看球的9万观众和通过电视观看比赛的所有人都能有一个美妙的夜晚，都很快乐，都带着微笑回家时，我感到非常快乐。"

如果罗纳尔迪尼奥的巅峰状态能多持续几年，他的历史定位会更高。不过，有时候我们不应当以成败论英雄。对罗纳尔迪尼奥怎样定位也许并不重要，最重要的是他带给过我们关于足球的最美妙享受，带给过我们微笑和快乐。在绿茵场上，他留下的遗产是艺术足球，是绚丽的技艺，是快乐。

06.

旧话重提：他为何快速陨落？

罗纳尔迪尼奥是不可世出的足球天才，他职业生涯最大的遗憾是他只辉煌过几年，早早就陨落。这到底是为什么？

2013年5月5日，接受环球台"精彩体育"节目采访，罗纳尔迪尼奥给出了自己的解释："在赢得所有一切之后，很难再有同样的动力。很难。"

罗纳尔迪尼奥不承认自己的快速陨落跟他在场外的无节制的生活有关。他抱怨道："如果（场外生活）影响到我的话，职业生涯我什么也赢不了。有时候，当在场上表现不好时，人们就会拿这个当借口。所有的人在工作之外还有他的生活，球迷们也一样。当他们心情不好时，也会出去，去酒吧，跟朋友们聊聊天。就好像他们可以，而球员却不可以。"

但不可否认，失去动力之后，罗纳尔迪尼奥沉迷于夜生活，那使他过早地凋零。而以他过人的天赋，他本可以为足球留下更多的遗产。

巴西名宿托斯唐则给出了另外一种解释。他认为，罗纳尔迪尼奥之所以疾速陨落，夜生活有一定的责任，但他的踢球风格才最具决定性影响。

托斯唐写道："有那么多特技效果（指球踢得漂亮、花哨、优雅和令人享受），而不是一个射手，在一个数字和比分被过度高估的时代，他在巅峰待很长时间的可能性非常小。"

另外一个因素可能是他心理素质不好，承受不了巨大的压力。

罗纳尔迪尼奥是一个爱笑的人，爱笑的人大多是心地单纯的。他爱足球，足球

使他快乐。可他承受不了压力，在巨大的压力面前，他垮掉了，他用夜夜笙歌、美色和酒精来麻醉自己。

心理素质不好，跟幼年丧父有关，也跟他在家里是老小、尽享父母哥姐的宠爱和关怀有关。他是简单的，他是单纯的，他以为足球带来的都是快乐，没想到它还会带来压力、功利，会带来诱惑和堕落。

历史是不能假设的，可我们还是不妨假设一番。

如果父亲不是在他8岁时就死去，罗纳尔迪尼奥是不是就不会那么早陨落？因为父亲不仅爱足球，也爱读书看报，他应该有一定的智慧。而且在管教孩子时，在向

2018年1月10日，罗纳尔迪尼奥祝哥哥阿西斯47岁生日快乐。哥儿俩都老了。

144,421 likes

ronaldinho Parabéns @robertodeassismoreira por todas as tuas conquistas! Te desejo tudo de melhor sempre e agradeço por ter sido mais do que um irmão! Feliz aniversário mano!

他指明方向时，严父大多数情况下会比慈母更睿智、更清醒。

　　父亲若昂死后，哥哥既当哥，又当爹，后来还成了他的经纪人。用家人做经纪人，好处是心往一处使，肥水不流外人田，但坏处是情人眼里出西施，亲人看不见亲人的缺点。如果罗纳尔迪尼奥不是任人唯亲，而是有一个高水平、负责任、对他严加管教和规劝的经纪人，历史是不是会改写？

　　有这种可能，但也说不好。毕竟一个好的、高水平的、没有太多私心杂念的经纪人难遇难求。

　　当然了，罗纳尔迪尼奥的过早陨落也是足球之过。足球成了一个大产业，越发急功近利，越来越急于求成，越来越没有耐心，越来越缺乏温情，一点也不念旧日的好，翻脸就不认人。

　　说的是足球，可这个世界又何尝不是这样呢？你发光时，它能把你捧上天。你犯错时，它不会指出和规劝。你跌倒时，它不会伸手拉你起来。你掉沟里，它会落井下石，没有一丝同情心。罗纳尔迪尼奥的过早陨落，这个世界也有错。

罗纳尔迪尼奥个人资料

姓　　名：罗纳尔多·德·阿西斯·莫雷拉（Ronaldo de Assis Moreira）

出生日期：1980年3月21日

出　生　地：巴西南里奥格兰德州首府阿雷格里港

身　　高：1.83米

惯　用　脚：右脚

场上位置：中场或前锋

主要冠军

格雷米奥

南里奥格兰德州联赛（1999年）、南方杯（1999年）

巴黎圣日耳曼

欧足联国际托托杯（2001年）、陶器杯（2001年）

巴塞罗那

欧冠联赛（2005/2006赛季）、西甲（2004/2005、2005/2006赛季）、西班牙超级杯（2005年、2006年）、加泰罗尼亚杯（2003/2004、2004/2005、2006/2007赛季）、甘伯杯（2003年、2004年、2006年、2007年、2008年）

米兰

意甲（2010/2011赛季）

弗拉门戈

里约热内卢州联赛（2011年）、瓜纳巴拉杯（2011年）、里约杯（2011年）

米涅罗竞技

米纳斯吉拉斯州联赛（2013年）、美洲解放者杯（2013年）、南美优胜者杯（2014年）

巴西国家队

世界杯（2002年）、联合会杯（2005年）、美洲杯（1999年）、U17世青赛（1997年）、奥运会铜牌（2008年北京奥运会）、南美超级德比（2011年）

个人奖项

南里奥格兰德州联赛年度最佳新人（1999年）

1999年联合会杯金球奖

1999年联合会杯金靴奖

巴西《记分牌》杂志巴甲最佳阵容：2000年、2011年

2002年世界杯最佳阵容

国际足联世界足球先生：2004年、2005年

FIFA 100（国际足联百年巨星）：2004年

国际职业足球运动员联合会（FIFPro）最佳球员：2005年、2006年

国际职业足球运动员联合会（FIFPro）最佳阵容：2005年、2006年、2007年

《法国足球》杂志金球奖：2005年

英国《世界足球》杂志世界最佳球员：2004年、2005年

法国《11人世界》杂志"金11人"奖：2005年

欧足联年度最佳球员：2005/2006赛季

欧足联最佳前锋奖：2004/2005赛季

欧足联最佳阵容：2003/2004、2004/2005、2005/2006赛季

乌拉圭《国家报》欧洲足球先生：2004年、2005年

西甲最佳外籍球员：2003/2004、2005/2006赛季

埃菲社西甲最佳拉美球员：2003/2004赛季

2005年联合会杯铜球奖

2006年世俱杯铜球奖

英国《世界足球》杂志十年最佳球员：2009年

金足奖：2009年

里约州联赛最佳前锋：2011年

球迷最喜爱巴甲球星奖：2012年

巴西《记分牌》杂志金球奖：2012年

米纳斯吉拉斯州联赛最佳球员：2013年

解放者杯最佳球员：2013年

乌拉圭《国家报》南美足球先生：2013年

最佳射手奖

1999年南里奥格兰德州联赛（15球）

1999年联合会杯（6球）

2000年悉尼奥运会南美区预选赛（9球）

2013年世俱杯（2球）

后 记

　　2017年，我写了《内马尔：勇敢快乐着》。那本书起手写了18万字，搞得我很累。2017年，我生活中发生了很多事，有好事，也有令人伤心的事。写完那本书，我决定歇一下，2018年不再写书。但计划永远也赶不上变化，2018年1月17日，罗纳尔迪尼奥宣布挂靴了。

　　实际上，早在2015年下半年，我就有了写《罗纳尔迪尼奥：微笑的绿茵精灵》的计划，并做了前期材料收集工作，甚至已经动手写了一部分。但后来由于工作忙等原因，就把它给搁下了。

　　罗纳尔迪尼奥是足球史上巨星，他的退役是个契机，我决定把这本书重新拾起来。有了之前的铺垫，这本书写起来很顺手。从2018年1月份开始写，2月12日，腊月二十七这天，我就把它写完了，不影响过年。

　　职业生涯，罗纳尔迪尼奥穿过7号球衫，他是足球史上最好的7号之一。按照最初的计划，这本书要写七个部分，但后来写到了第八部分。

　　不过，从《卡卡：足球是宗教，卡卡是信仰》（2014年4月出版）和《世界杯冠军志之巴西》（2014年5月出版）算起，中间有《罗纳尔多教你踢足球》（2016年1月出版）和《C罗：射门机器的秘密》（2017年7月出版）两本译著，我还参与撰写了《吴静钰之无影腿》(2016年9月出版)，再算上2018年出版的《内马尔：勇敢快乐着》，《罗纳尔迪尼奥：微笑的绿茵精灵》是我的第七本书。

2002年2月，我开始作为《体坛周报》特约记者写稿。2010年4月，我离开新华社正式加盟《体坛周报》。2015年11月，体坛传媒集团旗下的"体坛+App"上线，我又转战到了那里。

从2011年参与撰文的《R9记忆：罗纳尔多画传》（《足球周刊》特刊）算起，中间有《欧冠60年》和《百年美洲杯》两本《体坛周报》特刊，再加上今年《体坛周报》会出版的内马尔和罗纳尔迪尼奥两本画册，不带书号的特刊我写了或参与了五本。加上前面那七本有书号的个人著作，就是12本了。

总共12本书，恰好可以致敬足球迷们，他们是球队的"第12人"。12本书，却算不上是大成就。社会大背景是全民娱乐化，全民K歌，而足球原本就是小众的东西。它不当吃，不当喝，不像炒股能挣钱，不像存款有利息，不像买房子可以升值，不是吃了可以饱腹，不是穿了可以暖身。它就是一个爱好，而且爱好者寡。

在这个移动网络和智能手机的时代，都做了"低头族"，只盯着那发光的一块小屏幕看，又有几个人愿意看书，愿意看本足球书呢？

但写了就写了吧，写给像我一样爱足球或者曾经爱过足球的人。只要能有一两个知音，有几个人开卷有了益，就不枉费我花的工夫了。

我已人到中年，按足球的术语来说，人生已经进入下半场。这本《罗纳尔迪尼奥：微笑的绿茵精灵》可能是我最后一本足球类甚至体育类的著作。

未来，我想尝试转型，写一本与足球和体育无关的书，我或许会写本小说，或许会回忆一下我的人生，或许会写写我出生并度过童年和青少年时代的那个小山村，写写那山那水那人。或许我会写写我人生中遇到的好多人、经历的好多事，或许我会写写我对人、对人生的思考。

会很难，但贵在尝试。

愿足球长青，愿世界安好。

小 中

2019年2月